LATVIAN-ENGLISH
ENGLISH-LATVIAN
Dictionary & Phrasebook

Dictionary and Phrasebooks

Albanian
Arabic (Eastern Arabic)
Arabic (Modern Standard)
Armenian (Eastern)
Australian
Azerbaijani
Basque
Bosnian
Breton
British
Cajun French
Chechen
Croatian
Czech
Danish
Dari *Romanized*
Esperanto
Finnish
French
Georgian
German
Greek
Hebrew *Romanized*
Hindi
Hungarian
Igbo
Ilocano
Irish
Italian
Japanese *Romanized*
Lao *Romanized*

Latvian
Lingala
Lithuanian
Malagasy
Maltese
Mongolian
Nepali *Romanized*
Norwegian
Pashto *Romanized*
Pilipino (Tagalog)
Portuguese (Brazilian)
Québécois
Romanian
Romansch
Russian
Shona
Sicilian
Slovak
Somalı
Spanish (Latin American)
Swahili
Swedish
Tajik
Tamil *Romanized*
Thai *Romanized*
Turkish
Ukrainan
Urdu *Romanized*
Uzbek
Vietnamese

LATVIAN-ENGLISH
ENGLISH-LATVIAN
Dictionary & Phrasebook

Amanda Zaeska Jātniece

HIPPOCRENE BOOKS, INC.
New York

© 2004 Hippocrene Books, Inc.

ISBN 0-7818-1008-6

For information, address:
    Hippocrene Books, Inc.
    171 Madison Avenue
    New York, NY 10016

Cataloging-in-Publication data available from the Library of Congress.

Printed in the United States of America.

TABLE OF CONTENTS

INTRODUCTION

Apart from dwindling immigrant communities in North and South America, Australia, Russia, and Western Europe, the Latvian language is spoken only in the Republic of Latvia in Northeastern Europe. Latvians particularly will appreciate your use of their language because it is not a commonly studied language, and learning a few simple phrases will go a long way in making new friends.

Despite being a small country with relatively few speakers, Latvia's stable political and economic situation has made for a significant increase in travel and business opportunities since its (second) independence in 1991. Latvia has recently been admitted into NATO and the European Union, and the capital, Rīga, is becoming quite cosmopolitan. You are likely to meet people there who speak not only English, but also any number of other European languages. Latvia is an exciting new country!

Although Latvian is the official language of the Republic of Latvia, due to political and geographical considerations, Russian is also widely spoken. Russian still tends to be the main language in certain Rīga neighborhoods, in Daugavpils, and in parts of Eastern Latvia. The prevalence of the Russian language, brought on largely by the great number of Russian immigrants relocated to Latvia during the Soviet era, has created some controversy, and many cultural barriers still remain.

The Latvian language has a subtle beauty best observed in the folk poetry, *dainas*. *Dainas* are four-line verses that make up Latvian folk songs and are a large part of the Latvian culture. The language and folk poetry have developed together over thousands of years and are very much bound to one another. The *dainas* succinctly describe life in the enchanted northern world: the fragile beauty of nature, rites of passage, ethics, humor, rituals, everyday life, and human relations.

Latvian is considered one of the oldest Indo-European languages. Along with its only living relative, Lithuanian, it is believed to have retained more of the ancient Indo-European word forms than most other languages in the Indo-European family. Latvian and Lithuanian are the only remaining languages of the Baltic branch of the Indo-European language family; Prussian, Courlandish, and other dialects died out several centuries ago. Although even untrained native speakers find many similarities between the two languages, Latvian and Lithuanian are not mutually intelligible. The Baltic languages do have some similarities to the Slavic languages, but are different enough to form their own language family.

As with all languages, Latvian has borrowed vocabulary from other languages, such as German, Russian, and Estonian. Recently it has also borrowed vocabulary from English, and therefore some words having to do with more modern concepts, such as banking, business, and technology, may sound familiar to speakers of English. This book tries to list Latvian words before borrowed words.

Like English, Latvian is written using the Roman alphabet. It does not use the letters q, w, x, or y, but does add diacritic marks to certain letters to depict other sounds, some of which are not found in English. For example, *š* is the sound of "sh."

When speaking, stress is always on the first syllable of a word, but the few exceptions to this rule will be clearly marked in the dictionary and phrasebook. Other than the section on pronunciation, this book will not give transliterations of each word and phrase to assist in pronunciation, so study the pronunciation guide and refer back to it as needed. Don't worry, though—reading Latvian is fairly easy. Words are pronounced exactly as they are written—there are no silent letters, and letters are pronounced the same way every time.

Latvian grammar, on the other hand, is not as easy. It is an inflected language, meaning that words can have several different endings depending on how they are used—what part of speech, noun gender and number, prepositions, verb tense, etc. But don't let that scare you because you will probably still be understood and no one will hold grammatical mistakes against you. Also, inflection allows word order to be a bit more flexible, although typically the word order tends to be similar to that of English.

Nouns have two genders, masculine and feminine. All nouns ending with *–a* or *–s* are feminine, and most nouns ending with *–s* or *–š* are masculine (there is a small group of *–s* feminine nouns, and they are marked as such in the dictionary). Adjectives always agree with nouns in gender, number, and case. Certain words have different forms depending on whether the speaker is male or female—the male form will be given first throughout the book, with the feminine form in parentheses. Verbs fall into several groupings according to how they are conjugated. The verb conjugation tables, as well as case declension tables for nouns, are given in the grammar section.

As noted before, no one in Latvia will take offense if you use incorrect endings or even leave them off completely. Rather, they will be honored that you are at least trying to communicate in their language. For the most part this phrasebook includes full sentences. Remember that you can always shorten the sentences, because in many situations you can make yourself fully understood by using only a few key words.

Latvians tend to be a fairly quiet, private, and reserved people, and won't always initiate small talk. As you get to know a person though, he or she will no doubt open up. And if you're invited to a home, expect a very warm

reception, probably along with a filling meal as well.
Remember to bring flowers or a small gift (*ciema kukulis*),
and prepare to try out a few Latvian phrases!

Kas var dziesmas izdziedāt,
Kas valodas izrunāt?
Kas var zvaigznes izskaitīt,
jūras zvirgzdus izlasīt?

> (Who can sing all songs,
>   and speak all languages?
>   Who can count all stars,
>   and all the pebbles of the sea?)

— A Latvian *daina*

ALPHABET AND PRONUNCIATION

Latvian uses the Latin alphabet, although some letters have diacritic marks to symbolize the sounds that are unique to the language. It is easy to read because every letter is pronounced and the pronunciation of each letter is consistent. Stress is always on the first syllable of a word. The few exceptions to this rule will be clearly marked in the book.

Vowel length, indicated by a line or the lack of one over a vowel, is important and changes meaning:

māja	*house*	mājā	*in the house*
reta	*rare*	rēta	*scar*
lapa	*leaf*	lāpa	*torch*

The quality of the vowel stays the same even though the length may change. Examples in English are the pairs "but – bar" (Latvian short and long *a*, respectively) and "it – eat" (Latvian short and long *i*). A short vowel at the end of a word is often cut even shorter, so that in effect it sounds almost whispered.

Latvian vowels do not glide and become diphthongs as English vowels often do. Latvian does have diphthongs (a combination of two vowel sounds), but all except *o* are specifically written with both vowel signs, for example, **ei** as in English "make."

Many consonants have a "soft" counterpart. The more common soft consonants are depicted with diacritic marks, such as **č**, **ķ**, **š**. Less common soft consonants are written with a *j* following the consonant: **bj**, **mj**, **pj**.

A finer point of Latvian pronunciation involves **p**, **t**, **k**, **ķ**, **s**, and **š**. When these consonants stand alone between two short vowels (*o* and diphthongs are considered long vowels), they are pronounced long. So, *lapa* (leaf) is actually pronounced *lap-pa*.

A a	c**u**t
Ā ā	f**a**ther
B b	**b**all
C c	ca**ts**
Č č	**ch**eek
D d	**d**oor
Dz dz	la**ds**
Dž dž	**j**u**dg**e
E e	**eh**. Like fianc**ée**, but shorter; almost like l**e**t (this is called the "narrow **e**"). If the following syllable contains an **a**, **o**, or **u**, then the **e** is pronounced as b**a**t (this is called the "wide **e**").
Ē ē	fianc**ée** ("narrow long **e**") If the following syllable contains an **a**, **o**, or **u**, then the **e** is pronounced as **a**ppetite ("wide long **e**").
F f	**f**oreign. Only found in words of foreign origin.
G g	**g**et

Ģ ğ	**dy**. As in French a**die**u or British English **d**uty. Sometimes written as $\acute{G}$.
II h	As in German a**ch**tung, but not quite as strong. Only found in words of foreign origin.
I i	b**i**t
Ī ī	b**ee**
J j	**y**ear, never as in **j**am
K k	la**k**e. Do not aspirate.
Ķ ķ	"a**t y**our service". The ty pronounced together.
L l	**l**amb
Ļ ļ	mi**lli**on
M m	**m**ake
N n	**n**othing
Ņ ņ	can**y**on
O o	**u-a** diphthong, **wha**t (without the airy sound), l**oa**d (in words of foreign origin).
P p	la**p**. Do not aspirate.
R r	"a**tt**a boy!" Rolled, as in Spanish.
S s	**s**nake
Š š	**sh**ake
T t	tas**t**e. Do not aspirate.
U u	g**oo**d

Ū ū	loop
V v	very
Z z	zoo
Ž ž	pleasure

Diphthongs:

Ai	like
Au	sound
Ei	lake
Ie	**i-a** or **ya**, say **Leah** quickly
O	**u-a**, **wha**t (without the airy sound)
Ui	b**uoy**

Note:
During Soviet occupation the soft r (ŗ) and *ch* combination were reduced to *r* and *h* respectively, and Latvian orthography today has retained these simplifications. Because ŗ and *ch* are now mainly used only by publishers outside Latvia, they have not been included in this book.

ABBREVIATIONS

acc.	accusative case
adj.	adjective
adv.	adverb
conj.	conjunction
dat.	dative case
fem.	feminine
gen.	genitive case
instr.	instrumental case
inter.	interjection
loc.	locative case
masc.	masculine
n.	noun
nom.	nominative case
num.	numeral
part.	participle
pl.	plural
prep.	preposition
pron.	pronoun
s.o.	someone
s.th.	something
sing.	singular
v.	verb
→	becomes

GRAMMAR

Latvian is a highly inflected language, meaning that various endings on nouns, adjectives, and verbs change the meanings of words, such as the number, gender, case, tense, person, and mood of the words. The endings sometimes take the place of prepositions. Although this grammar guide provides many lists of noun declensions and verb conjugations, do not become discouraged if you do not master them. Since Latvian belongs to the same general language family (Indo-European) as English, the basic grammar concepts are often similar. Even with faulty grammar and incorrect word endings you should usually be understood.

I. **Nouns**
   A. *Noun gender*
   B. *Noun declension*
   C. *Noun suffixes*
II. **Pronouns**
   A. *Pronoun declension*
   B. *Possessive pronouns*
   C. *Demonstrative pronouns*
   D. *Reflexive pronouns*
III. **Adjectives**
IV. **Adverbs**
V. **Verbs**
   A. *Irregular verbs: be, go, give, have, need, like*
   B. *Regular verbs—general overview*
   C. *Reflexive verbs*
   D. *Other verb forms*
VI. **Questions**
VII. **Conjunctions**
VIII. **Prepositions/Prefixes**
IX. **Diminutives**

I. Nouns

A. Noun Gender

All Latvian nouns have either masculine or feminine gender, which can be indicated by the articles *tas* and *tā* (the) respectively. But since Latvian does not require an article to always accompany the noun, a more reliable method of determining gender is the final letter of the noun.

Masculine nouns always end with an –s, –š, –is, or –us. For example, *galds* (table), *ceļš* (road), *brālis* (brother), *alus* (beer).

Feminine nouns usually end in –a or –e, but a very small group also ends in –s. For example, *māja* (house), *saule* (sun), *sirds* (heart).

B. Noun Declension

The following pairs of sentences mean the same thing in Latvian (but not in English!) even though the word order is different. Notice that the word endings (case endings), which ultimately contain the exact meaning, stay the same.

Suns iekoda Jānim. = Jānim iekoda suns.
The dog bit John. ≠ *John bit the dog.*
(*Jānim iekoda suns* means "John was bitten by the dog.")

Juris nogalināja Pēteri. = Pēteri nogalināja Juris.
Juris killed Peteris. ≠ *Peteris killed Juris.*
(*Pēteri nogalināja Juris* means "Pēteris was killed by Juris.")

Because English has very few case endings, word order is more important in defining the relationship of words to each other. The differing endings on the Latvian words show the relationship of the words to other words in the sentence. These relationships are called cases. Case endings sometimes take the place of prepositions.

Pāvilostā vīrs pērk dēlam zvejnieka laivu ar airiem.
*In Pāvilosta a man buys for his son a fisherman's boat
with oars.*

The above sentence includes nouns in all six Latvian cases:

who (bought)	= vīrs	= sentence subject
	a man	= nominative case
whose	= zvejnieka	= possessive
	fisherman's	= genitive case
what	= laivu	= direct object
	a boat	= accusative case
with what	= ar airiem	= indirect object
	with oars	= instrumental case
for whom	= dēlam	= indirect object
	for his son	= dative case
where?	= Pāvilostā	= location
	in Pāvilosta	= locative case

All sentence subjects have similar endings (called nominative case endings), while direct objects have a different endings (accusative case endings), and so on. The six Latvian cases are:

Nominative	sentence subject, answers the question "Who/What?"
*Genitive**	possessive, answers the question "Whose?"
Dative	indirect object, answers the question "To/for whom?"
Accusative	direct object, answers the question "What/Whom?"
Instrumental	indirect object, answers the question "With what?" and usually includes the preposition *ar* "with."
Locative	location, answers the question "Where?"

(*Vocative* is sometimes added to the list, which is used only when addressing or calling someone. Female names stay the same, male names drop the *–s*:

Jānis → Jāni! as in *Jāni, nāc šurpu!* "Jāni, come here!"
Aivars → Aivar!
Liene → Liene!)

*A note about the genitive case: it is also used with some adjectives, such as: *daudz* (much/a lot), *maz* (little/few), *vairāk* (more), *mazāk* (less). For example, *Laimai ir daudz naudas* (Laima has a lot of money).

Nouns are divided into six declensions, which are groupings of nouns that follow the same case ending pattern. The feminine and masculine nouns are each divided into three groups, according to the final letter of the noun in the nominative case. The nominative case is considered the root form. Proper nouns adhere to the same declension groups.

Feminine, –a

Feminine, –a	Singular		Plural	
Nominative	–a	māj**a** *house*	–as	māj**as** *houses*
Genitive	a→as	māj**as**	a→u	māj**u**
Dative	a→ai	māj**ai**	a→ām	māj**ām**
Accusative	a→u	māj**u**	a→as	māj**as**
Instrumental	a→u	ar māj**u**	a→ām	ar māj**ām**
Locative	a→ā	māj**ā**	a→ās	māj**ās**

Feminine, –e

Feminine, –e				
Nominative	–e	saul**e** *sun*	–es	saul**es** *suns*
Genitive	e→es	saul**es**	e→ju	sauļ**u**
Dative	e→ei	saul**ei**	e→ēm	saul**ēm**
Accusative	e→i	saul**i**	e→es	saul**es**
Instrumental	e→i	ar saul**i**	e→ēm	ar saul**ēm**
Locative	e→ē	saul**ē**	e→ēs	saul**ēs**

Note that the *-j-* in the plural genitive softens the previous consonant (in this example *l→ļ*) and is then dropped.

Feminine, –s

Nominative	–s	sirds	–is	sirdis
		heart		*hearts*
Genitive	s→s	sirds	s→ju	sir**ž**u
Dative	s→ij	sird**ij**	s→īm	sird**īm**
Accusative	s→i	sird**i**	s→is	sird**is**
Instrumental	s→i	ar sird**i**	a→īm	ar sird**īm**
Locative	s→ī	sird**ī**	s→īs	sird**īs**

Note that the *-j-* in the plural genitive softens the previous consonant (in this example *d→ž*) and is then dropped.

Masculine, –s or –š

Nominative	–s/š	galds	–i	galdi
		table		*tables*
		ce**ļ**š		ce**ļ**i
		road		*roads*
Genitive	s/š→a	gald**a**	i→u	gald**u**
		ce**ļa**		ce**ļu**
Dative	s/š→am	gald**am**	i→iem	gald**iem**
		ce**ļam**		ce**ļiem**
Accusative	s/š→u	gald**u**	i→us	gald**us**
		ce**ļu**		ce**ļus**
Instrumental	s/š→u	ar gald**u**	i→iem	ar gald**iem**
		ar ce**ļu**		ar ce**ļiem**
Locative	s/š→ā	gald**ā**	i→os	gald**os**
		ce**ļā**		ce**ļos**

The soft consonant (in this example *-ļ-* in *ceļš*) softens the normal –s noun ending and makes it an –š.

Masculine, –is

Nominative	–is	brālis	–ji	brāļi
		brother		*brothers*
Genitive	is→ja	brā**ļa**	ji→ju	brā**ļu**
Dative	is→im	brāl**im**	ji→jiem	brā**ļiem**
Accusative	is→i	brāl**i**	ji→jus	brā**ļus**
Instrumental	is→i	ar brāl**i**	ji→jiem	ar brā**ļiem**
Locative	is→ī	brāl**ī**	ji→jos	brā**ļos**

Note that in some of the cases the *-i-* in the noun ending becomes a *-j-* and softens the preceding consonant (in this example *l→ļ*) and is then dropped.

Masculine, –us

Nominative	–us	al**us**	–i	al**i**
		beer		*beers*
Genitive	us→us	al**us**	i→u	al**u**
Dative	us→um	al**um**	i→iem	al**iem**
Accusative	us→u	al**u**	i→us	al**us**
Instrumental	us→u	ar al**u**	i→iem	ar al**iem**
Locative	us→ū	al**ū**	i→os	al**os**

C. Noun Suffixes

Suffixes can be added to certain nouns or verbs to make new nouns. These suffixes denote a person and often a profession:

–ājs, –āja	skolot**ājs**	*a teacher (male),*
	skolot**āja**	*a teacher (female)*
–ējs, –ēja	brauc**ējs**	*a driver (male)*
–nieks, –niece	māksli**nieks**	*an artist (male)*
–onis, –one	var**one**	*a hero (female)*

Nouns with these suffixes usually denote a place:

–nīca	kafej**nīca**	*a coffee shop*
–tava	mazgā**tava**	*a laundromat*
–tuve	vir**tuve**	*a kitchen*

This suffix is added to verbs to make a noun (a gerund) that usually shows some kind of action:

–šana	lasīt → lasī**šana**	*reading*
	rakstīt → rakstī**šana**	*writing*

II. Pronouns

A. Pronoun Declension

	Singular	Plural
1st person:	es *I*	mēs *we*
2nd person:	tu/jūs *you*	jūs *you*
3rd person:	viņš *he*	viņi *they* (masc.)
	viņa *she*	viņas *they* (fem.)

Tu is the informal second person singular pronoun, used when speaking to close friends, relatives, children, and animals. If you are speaking with an adult whom you do not know well or in any business situation, use *jūs*.

Declined, the pronouns become:

Nom.	Gen.	Dat.	Acc.	Instr.	Loc.
es *I*	manis	man	mani	ar mani	manī
tu *you*	tevis	tev	tevi	ar tevi	tevī
viņš *he*	viņa	viņam	viņu	ar viņu	viņā
viņa *she*	viņas	viņai	viņu	ar viņu	viņā
mēs *we*	mūsu	mums	mūs	ar mums	mūsos
jūs *you*	jūsu	jums	jūs	ar jums	jūsos
viņi *they*	viņu	viņiem	viņus	ar viņiem	viņos
viņas *they*	viņu	viņām	viņas	ar viņām	viņās

B. Possessive Pronouns

If two forms are given, use the first before a masculine noun, the second before a feminine noun.

mans/mana	*my*	
tavs/tava	*your*	
viņa/viņas	*his/her*	
savs/sava	*own*	(relating to the subject of the sentence)
mūsu	*our*	
jūsu	*your*	
viņu	*their*	
savu	*own* (pl.)	(relating to the subject of the sentence)

Mans/mana, *tavs/tava*, and *savs/sava* act like adjectives and are declined just like the masculine *–s* and feminine *–a* nouns respectively. *Viņa/viņas* and all of the plural possessive pronouns are left as is, undeclined.

C. Demonstrative Pronouns

Demonstrative pronouns can be used with a noun or in place of a noun.

Nom.	Gen.	Dat.	Acc.	Instr.	Loc.
šis *this* (masc.)	šā/šī	šim	šo	ar šo	šajā/šinī/šai
šī *this* (fem.)	šās/šīs	šai	šo	ar šo	šajā/šinī/šai
tas *that* (masc.)	tā	tam	to	ar to	tajā/tanī/tai
tā *that* (fem.)	tās	tai	to	ar to	tajā/tanī/tai
šie *these* (masc.)	šo	šiem	šos	ar šiem	šajos/šinīs/šais
šīs/šās *these* (fem.)	šo	šīm/šām	šīs/šās	ar šīm/šām	šajās/šinīs/šais
tie *those* (masc.)	to	tiem	tos	ar tiem	tajos/tanīs/tais
tās *those* (fem.)	to	tām	tās	ar tām	tajās/tanīs/tais

TWO EXAMPLES:

Es lasu **šo** grāmat**u**.
I'm reading this book.

Jūs iesit taj**ā** māj**ā**.
You will go into that house.

D. Reflexive Pronouns

The reflexive pronoun is *sev/sevi* (dative/accusative forms). It is used in all three persons, singular and plural.

Es mazgāju **sevi**.
> *I am washing myself.*

Jūs **sev** dosit labu atzīmi.
> *You will give yourselves a good grade.*

III. Adjectives

Adjectives usually precede nouns. They agree with nouns in number, gender, and case, and are declined the same as the masculine *–s* and feminine *–a* nouns.

Es redzu liel**u** kok**u**.
> *I see a large tree.*

Viņa dod grāmatu jaun**ai** meiten**ei**.
> *She's giving the book to a young girl.*

Govs ir sarkan**ā** kūtī.
> *The cow is in a red barn.*

Although some adjectives have opposites (*lēts/dārgs* cheap/expensive, *mazs/liels* small/large), the opposite of many adjectives can be formed by simply adding the prefix *ne–*. Remember that the stress remains on the first syllable (in this case on *ne–*), no matter whether the first syllable is a prefix or not.

garšīgs/**ne**garšīgs	*tasty/not tasty*
pieklājīgs/**ne**pieklājīgs	*polite/impolite*
tīrs/**ne**tīrs	*clean/dirty*

Adjectives can be either indefinite or definite:

FEMININE SINGULAR: Mēs iesim liel**ā** mājā.
> *We will go into a big house.*

Mēs iesim liel**ajā** mājā.
> *We will go into the big house.*

FEMININE PLURAL: Mēs iesim liel**ās** mājās.
We will go into big houses.
Mēs iesim liel**ajās** mājās.
We will go into the big houses.

MASCULINE SINGULAR: Viņi jāj balt**u** zirgu.
They are riding a white horse.
Viņi jāj balt**o** zirgu.
They are riding the white horse.

MASCULINE PLURAL: Viņi jāj balt**us** zirgus.
They are riding white horses.
Viņi jāj balt**os** zirgus.
They are riding the white horses.

Comparatives are made by adding *–āks/–āka* to the adjective. Superlatives are made by adding *–ākais/–ākā*, and sometimes also adding the prefix *vis–* for emphasis.

Masculine	*Feminine*
liels *big*	dārga *expensive*
liel**āks** *bigger*	dārg**āka** *more expensive*
liel**ākais** *biggest*	dārg**ākā** *most expensive*
(**vis**liel**ākais** *biggest* of all)	(**vis**dārg**ākā** *most expensive* of all)

Some adjectives, such as: *daudz* (much/a lot), *maz* (little/few), *vairāk* (more), *mazāk* (less) require the following noun to be in the genitive case. For example, *Laimai ir daudz naudas* (Laima has a lot of money).

Some things are expressed differently in Latvian, for example, the use of the dative case when speaking about body temperature:

Man ir karsti.
I am hot. (Literally: It is hot for me.)
Mums ir auksti.
We are cold. (Literally: It is cold for us.)

IV. Adverbs

To change an adjective into an adverb, place an -*i* or -*u* at the end of most adjective stems.

ātrs *fast, quick*   Jūs ātr**i** ejat.
                      You are walking quickly.
kluss *quiet*   Viņa klus**u** runā.
                      She speaks quietly.

V. Verbs

The Latvian verb system is very complex. Verbs receive different endings depending on who is the subject of the sentence as well as the tense and mood of the verb. This process is called conjugation. (English also conjugates verbs, but to a much lesser extent; usually only for the singular 3rd person: I read, you read, she reads, we read, you read, they read.) To make matters even more difficult, many Latvian verbs have vowel changes in the stem (English: write, wrote, written) and such a diverse variety of endings that they are difficult to summarize in a simple grammar survey.

First off, a few points that apply to all Latvian verbs. The infinitive verb ending is always a form of –*t*, –(vowel)*t*, or –*ties*. The part that comes before this is called the verb stem.

The 3rd person (he, she, it, they) endings are always the same, regardless whether they are singular or plural.

In a simple declarative sentence it is not always necessary to include the pronouns *es* (I) or *mēs* (we), because the first person verb endings are very consistent and already indicate who is implied. For example, it is perfectly fine to just say:

Eju iepirkties.
  I'm going shopping.

Dziedāsim.
> *We will sing. Or: Let's sing.*

Vai tu nāksi līdzi? **Nākšu.**
> *Are you going to come along? I will come.*

To form a negative, usually all that is needed is to add the prefix *ne–* to a verb. Remember to keep the stress on the first syllable.

saprotu/**ne**saprotu	*I understand/I don't understand*
mēs varam/mēs **ne**varam	*we can/we cannot*
viņa zina/viņa **ne**zina	*she knows/she does not know*

A. *Irregular Verbs:*
be, go, give, have, need, like

To be, to go, and to give are irregular verbs. Their conjugations follow:

būt *to be*

	Present	Past	Future
es	esmu	biju	būšu
	I am	*I was*	*I will be*
tu	esi	biji	būsi
viņš/viņa	ir (negative: nav)	bija	būs
mēs	esam	bijām	būsim
jūs	esat	bijāt	būsit
viņi/viņas	ir (negative: nav)	bija	būs

iet *to go*

	Present	Past	Future
es	eju	gāju	iešu
	I go, am going	*I went*	*I will go*
tu	eji	gāji	iesi
viņš/viņa	iet	gāja	ies
mēs	ejam	gājām	iesim
jūs	ejat	gājāt	iesit
viņi/viņas	iet	gāja	ies

dot *to give*

	Present	*Past*	*Future*
es	dodu	devu	došu
	I give, am giving	*I gave*	*I will give*
tu	dod	devi	dosi
viņš/viņa	dod	deva	dos
mēs	dodam	devām	dosim
jūs	dodat	devāt	dosit
viņi/viņas	dod	deva	dos

Latvian has no equivalent of the verb "to have." Instead use the 3ʳᵈ person form of *būt* (to be): *ir* (present tense), *bija* (past tense), *būs* (future tense). The person or being who possesses is in the dative case and the possessed object is in the nominative case:

Viņiem ir divi bērni.
> *They have two children.*
> *(Literally: To them are/belong two children.)*

Man bija zila mašīna.
> *I had a blue car.*
> *(To me was/belonged a blue car.)*

Imantam būs jauns darbs.
> *Imants will have a new job.*
> *(To Imants will be a new job.)*

Statements of possession containing *nav/nebija/nebūs* (to not have) require the direct object to be in the genitive case.

Man nav māsas.
> *I don't have a sister.*
> *(Literally: To me is no sister.)*

Veikalam nav grāmatu.
> *The store doesn't have books.*
> *(To the store are/belong no books.)*

Tev nebija zīmuļa.
> *You didn't have a pencil.*
> *(To you there was no pencil.)*

Viņām nebūs naudas.
> *They will not have money.*
> *(To them will not be money.)*

Latvian does allow double negatives. For example, *Viņam* **nav neviena** drauga (He has no friends (*Literally:* He does**n't** have **no** friends.)).

Vajadzēt (to need), *patikt* (to like), *interesēt* (to interest), *trūkt* (to lack) and a few other verbs also follow the same pattern as "to have" (dative + 3rd person verb). Therefore, you will most likely only need to learn the 3rd person forms of these verbs, as shown in the following examples:

Tev vajag salabot fotoaparātu.
You need to fix your camera.
Mums vajag biļetes.
We need tickets.
Man patīk Ziemassvētki.
I like Christmas.
Maijai interesē vēsture.
Maija is interested in history.
Jums trūkst jaku.
You lack jackets.

B. Regular Verbs—General Overview

In very general terms, to conjugate a –*t* or –(vowel)*t* infinitive ending verb remove the -*t* ending and add the following endings:

Present		
1st person sing. – es	–u, –ju
2nd person sing. – tu	–, –i
3rd person sing. – viņš/viņa	–
1st person plural – mēs	–am, –jam
2nd person plural – jūs	–at, –jat
3rd person plural – viņi/viņas	–

Past		
1st person sing.	–u, –ju
2nd person sing.	–i, –ji
3rd person sing.	–a, –ja
1st person plural	–ām, –jām
2nd person plural	–āt, –jāt
3rd person plural	–a, –ja

Future	1st person sing.	−šu
	2nd person sing.	−si
	3rd person sing.	−s
	1st person plural	−sim
	2nd person plural	−sit
	3rd person plural	−s

C. Reflexive Verbs

Some verbs can be made into reflexive verbs by adding
the reflexive suffix *−ies* to the infinitive form. Reflexive
verbs have no object, which means that the subject usu-
ally does the action to itself or by itself. For example:

ğērbt *to dress s.o.*	ğērbties *to dress oneself*
mazgāt *to wash*	mazgāties *to wash oneself*
mācīt *to teach*	mācīties *to learn*
baidīt *to scare*	baidīties *to be scared*

The reflexive endings are more consistent than those of
the regular verbs:

		1st conjugation ğērbties to dress oneself	*2nd conjugation* mazgāties to wash oneself	*3rd conjugation* mācīties to learn
Present	1.	ğērbjos	mazgājos	mācos
	2.	ğērbies	mazgājies	mācies
	3.	ğērbjas	mazgājas	mācās
	1.	ğērbjamies	mazgājamies	mācāmies
	2.	ğērbjaties	mazgājaties	mācāties
	3.	ğērbjas	mazgājas	mācās
Past	1.	ğērbos	mazgājos	mācījos
	2.	ğērbies	mazgājies	mācījies
	3.	ğērbās	mazgājās	mācījās
	1.	ğērbāmies	mazgājāmies	mācījāmies
	2.	ğērbāties	mazgājāties	mācījāties
	3.	ğērbās	mazgājās	mācījās

		1st conjugation (4) ģērbties to dress oneself	2nd conjugation mazgāties to wash oneself	3rd conjugation mācīties to learn
Future	1.	ģērb**šos**	mazgā**šos**	mācī**šos**
	2.	ģērb**sies**	mazgā**sies**	mācī**sies**
	3.	ģērb**sies**	mazgā**sies**	mācī**sies**
	1.	ģērb**simies**	mazgā**simies**	mācī**simies**
	2.	ģērb**sities**	mazgā**sities**	mācī**sities**
	3.	ģērb**sies**	mazgā**sies**	mācī**sies**

D. Other Verb Forms

Latvian has active, reflexive, and passive voice verb forms, as well as indicative (shown above), relative, conditional, imperative, and debitive mood endings. A short description of each mood follows. You may hear these forms or see them written, but will probably not use them in a simple conversation.

The **conditional** mood forms end in *–tu* or *–tos*. The most common conditional verbs are *būtu* (would have) and *varētu* (could). For example:

Viņš **būtu** ieradies, ja **nebūtu** nokavējis vilcienu.
He would have arrived if he had not missed the train.
Vai jūs **varētu** man palīdzēt?
Could you help me?

The **imperative** mood is used when asking or telling someone to do something. It is not necessary to include the pronouns.

Singular	**Plural**
–	Sēdēsim!
	Let's sit!
Dod man to!	Dodiet man to!
Give that to me!	*Give that to me!*
Lai viņa dzied!	Lai viņi dzied!
Let her sing!	*Let them sing!*

The **debitive** mood, which indicates a need to be done and can be recognized by the prefix *jā–*, is fairly rare among languages. *Man jālasa avīze* (I need to read the newspaper). The subject (in this sentence *man*) must be in the dative case and the object (*avīze*) in the nominative case. *Būt* (to be), *iet* (to go), and *dot* (to give) are different in that *jā–* is added to the infinitive rather than the 3rd person form: *Mums jābūt laikā* (We have to be on time).

For past and future tenses use *bija* and *būs* before the *jā–* verb: *Viņam bija jāiet skolā* (He had to go to school), *Viņam būs jāiet skolā* (He will have to go to school).

The **relative** mood relates indirect speech and action that the speaker did not himself witness. It can also be translated as "apparently" or "supposedly." These verbs end with *–ot*.

Māra teica, ka viņa **braukšot** ciemos.
  Māra said that she would come for a visit.
Viņš **būšot** mājās astoņos.
  He ought to be home by eight.

VI. Questions

Add *vai* to the beginning of a declarative sentence to form a question:

Jūs nāksit mums līdzi.
  You will come with us.
Vai jūs nāksit mums līdzi?
  Will you come with us?

Or, you may place one of the following question words at the beginning of the sentence:

Who?	**Kas?**
What?	**Kas?/Ko?**
When?	**Kad?**

Where?	**Kur?**
Why?	**Kāpēc?/Kādēļ?**
How?	**Kā?**
To whom?	**Kam?**
Which?	**Kurš/Kura?**
What kind?	**Kāds/kāda?**
From where?	**No kurienes?**
To where?	**Uz kurieni?**
How much?	**Cik?**

Kā nokļūst līdz Rucavai?
How does one get to Rucava?
Kad sākas koncerts?
When does the concert begin?
No kurienes jūs esat?
Where are you from?
Cik tas maksā?
How much does that cost?

VII. Conjunctions

Conjunctions join words and sentences. Here is a list of the most common conjunctions:

although	**kaut gan, lai gan**
and	**un**
because	**jo, tāpēc ka**
but	**bet**
if	**ja**
in order that, in order to	**lai**
or	**vai, jeb**
so that	**lai**
that	**ka**
then	**tad**
whether	**vai**
yet, still	**tomēr**

VIII. Prepositions/Prefixes

Prepositions link nouns to other nouns, adjectives, or verbs. They require their corresponding indirect objects to be in certain cases. Here is a list of common prepositions grouped by the case of the respective direct object:

GENITIVE

aiz *behind*

> Rati ir **aiz** zirga.
> *The wagon is behind the horse.*

ārpus *outside*
bez *without*
no *from, off*
pēc *after*
pie *by, at, near*
pirms *before*
priekš *for, before*
uz *on*
virs *above*
zem *under, below*

DATIVE

blakus *next to*

> Es sēžu **blakus** Sarmai.
> *I'm sitting next to Sarma.*

līdz *until*
pāri *above, over*

INSTRUMENTAL

ar *with*

> Nāciet **ar** jūsu bērniem!
> *Come with your children!*

ap *around*
caur *through*
gar *along*
pa *along*
par *about*
pret *towards*
starp *between*
uz *to* (motion, not giving)

Many prepositions can also be added as prefixes to verbs to make compound verbs. Prepositions as prefixes usually change the meaning of the original verb, but not always consistently, meaning that a prefix may have several shades of meaning from verb to verb. Notice the similarity the prefixes have to prepositions—that gives a hint as to their meanings. In parentheses are the most common actions depicted by the prefix.

Remember that the stress remains on the first syllable, no matter whether the first syllable is a prefix or not.

ap–   (around) apiet *to go around*, aplikt *to put around*

at–   (away, back) atnākt *to come over*, atmaksāt *to pay back*, atņemt *to take away*

aiz– (away, behind) aiziet *to go away*

ie–   (in, inside) ienākt *to come in*, ielikt *to put in* (use locative case for the object)

iz–   (out, to do s.th. completely) izņemt *to take out*, iznākt *to come out*, izlasīt *to read through or finish reading*

no–   (down, off, away) noņemt *to take down/off*, nolauzt *to break off*, nokāpt *to climb down*

pa–   (a small action) pagaidīt *to wait a bit*, paiet *to go a little way*

pār– (over, to cross s.th.) pārņemt *to take over*, pāriet, *to go across*, pārēsties *to overeat/eat in excess*, pārlauzt *to break completely*

pie– (approaching s.th.) pienākt *to come here or approach*, piepildīt *to fill full*

sa–   (together) saņemt *to receive*, sasist *to hit together*

uz–   (up, on) uzkāpt *to climb onto*, uzlikt *to put on*

IX. Diminutives

English speakers usually use diminutives only for proper names and baby talk, for example Tom→Tommy and dog→doggy. But Latvian folk poetry is full of diminutives, and Latvians tend to use a lot of them in their everyday speech to express fondness, smallness, cuteness, sometimes even irony. Theater ushers and bus controllers in Latvia will often say *Biļetīti lūdzu* (Your little ticket, please.); you may hear *Paņemiet numuriņu* (Take a number.) at the bank; mayonnaise salads are called *salātiņi* (little salads). Such words do not sound silly or overly sentimental in Latvian.

Replace *–s/–š/–a* noun endings with *–iņš/–iņa*. Consider them the same as regular *–s/–š/–a* nouns for purposes of declension.

istab**a** → istab**iņa** *room* → *little room*
vēj**š** → vēj**iņš** *wind* → *little wind*

Replace *–is/–e* noun endings with → *–ītis/–īte*. Again, declension is the same as for *–is/–e* nouns.

vēstul**e** → vēstul**īte** *letter* → *little letter*
Ilz**e** → Ilz**īte** *Ilze* → *dear Ilze, little Ilze*
zaķ**is** → zaķ**ītis** *rabbit* → *little rabbit*
brāl**is** → brāl**ītis** *brother* → *little brother*

Some words that have slightly different diminutive forms are:

mamma → māmiņa
govs → gotiņa
zivs → zivtiņa
sirds → sirsniņa

LATVIAN-ENGLISH
DICTIONARY

Verbs with irregular forms have the first person present, past, and future in parentheses. All Latvian nouns and adjectives are given only in the nominative case. *–a*, or *–e* in parentheses after a word is the feminine ending of a noun. Sometimes, if the feminine form is more than just an *–a* or *–e* ending, the whole word is written in parentheses. Adjectives are written in the masculine form in this dictionary; exchange the *–s* ending with *–a* to form the feminine version in the nominative case. Unless followed by a feminine form in parentheses, Latvian participles are declined like adjectives.

A

ābele *n.* apple tree
abi *adj.* both
ābols *n.* apple
abonements *n.* subscription
abonēt *v.* to subscribe
absolvents(-e) *n.* graduate
acenes *n.* glasses
acīmredzams *part.* obvious
acs (*fem.*) *n.* eye
aculiecinieks(aculieciniece) *n.* witness
ačgārni *adv.* upside-down, backwards, the other way around
āda *n.* skin; leather
adapteris *n.* adapter
adata *n.* needle, pin
adīt *v.* to knit
administrācija *n.* administration, management
administrators(-e) *n.* manager, administrator
adoptēšana *n.* adoption

adoptēt *v.* to adopt
adrese *n.* address
advokāts(-e) *n.* lawyer, attorney
agrāk *adv.* earlier
agresīvs *adj.* aggressive
agrs *adj.* early
ainava *n.* view
airēt *v.* to row
aita *n.* sheep
aiz *prep.* behind, in back of
aizbēgt *v.* to run away
aizbraukt *v.* to leave, to go away (*by car, plane, etc.*)
aizdomīgs *adj.* suspicious
aizdot *v.* to lend
aiziet *v.* to leave, to go away (*by foot*)
aizkars *n.* curtain
aizkavēt *v.* to delay
aizkustināt *v.* to move (*emotionally*)
aizliegt *v.* to prohibit, to forbid
aizliegts *part.* forbidden, not allowed

aizmirst v. to forget
aizmugure n. back (back side of an object)
aizmugurē v. in back of
aizņemties v. to borrow
aizņemts part. busy
aizņēmums/aizdevums n. loan
aizrunāt v. to reserve
aizsardzība n. defense
aizsargāt v. to defend
aizslēgt v. to lock
aizstāvēt v. to defend
aiztaisīt v. to close, to shut
aiztikt v. to touch
aizvainot v. to insult
aizvērt v. to close, to shut
ak! inter. oh!; **ak tā?** inter. is that so?; oh, I see
aka n. well (water)
akadēmija n. academy
akcents n. accent
akls adj. blind
akmens n. rock, stone
aktieris(aktrise) n. actor(actress)
āķis n. hook
ala n. cave
alerģija n. allergy
alga n. salary, wage
algot v. to hire
alkohols n. alcohol
alus n. beer
amats n. trade, profession
ambulance n. ambulance
āmurs n. hammer
anketa n. form (bureaucracy)
ansamblis n. ensemble, musical group, band
apakša n. bottom
apaļš adj. round
aparāts n. machine, device
apbraucamais ceļš n. detour
apbrīnot v. to admire

apciemot v. to visit
apdegums n. burn
apdomāt v. to consider
apdrošināšana n. insurance
apgabals n. region, district
apģērbs n. garment, clothing, clothes
apjucis(apjukusi) part. confused
apkalpot v. to wait on, to serve
apkalpotājs(-a) n. attendant, servant
apkārt adv. around
apkārtceļš n. detour
apkopējas(-a) n. caretaker, housekeeper
apkure n. heating system
aplaudēt v. to applaud
aplaupīt v. to rob
apliecība n. certificate
aplis n. circle
aploksne n. envelope
apmaldījies(apmaldījusies) part. lost (person)
apmaldīties v. to become lost
apmeklēt v. to visit, to attend
apmēram adv. approximately, about
apmierināt v. to satisfy
apmierināts part. content, satisfied
apmierinošs part. satisfactory
apnikt v. to bore (dative case + 3rd person = Man apnīk kartupeļi. Potatoes bore me.)
appelējis(appelējusi) part. moldy
aprakstīt v. to describe
aprīlis n. April
apriņķis n. county
aproce n. bracelet
apsegt v. to cover
apskatīt v. to look at, examine

apstādināt *v.* to stop s.th.
apstāties *v.* to stop (*reflexive*)
apsveikt *v.* to congratulate
apsveikums *n.* congratulation
aptauja *n.* questionnaire
aptieka *n.* pharmacy
apvainojums *n.* insult
apvainot *v.* to insult, to offend
apvienība *n.* union
apvienot *v.* to unite, to join
ar *prep.* with
ārā *adv.* out, outside
arhitekts(-e) *n.* architect
arhitektūra *n.* architecture
arī *adv.* also, too
armija *n.* army
ārsts(-e) *n.* doctor, physician
ārzemes (*always plural*) *n.* abroad
ārzemnieks(ārzemniece) *n.* foreigner
asara *n.* tear
asins (*fem.*) *n.* blood
aspirīns *n.* aspirin
aste *n.* tail
astoņi *num.* eight
atā! bye-bye!
atalgojums *n.* fee
atbalss *n.* echo
atbalstīt *v.* to support
atbalsts *n.* support
atbilde *n.* answer, reply
atbildēt *v.* to answer, to reply, to respond
atbildība *n.* responsibility
atbildīgs *adj.* responsible
atbrīvot *v.* to free
atcelt *v.* to postpone
atcere *n.* remembrance
atcerēties *v.* to remember
atdot *v.* to give back
ateja *n.* toilet
atgādināt *v.* to remind

atgriezties *v.* to return (*reflexive*)
atiešana *n.* departure
atiet *v.* to depart
atjaunot *v.* to renew, to restore
atkal *adv.* again
atkārtot *v.* to repeat
atklāšana *n.* opening (*ex., of an exhibit*)
atklātne *n.* postcard
atkritumi *n.* garbage, trash
atlaide *n.* discount
atlaist *v.* to dismiss, to fire
atlikums *n.* rest (*leftover*)
atļauja *n.* permission; permit, license
atļaut *v.* to allow
atļauts *part.* allowed, permitted
atmiņa *n.* memory
atmuguriski *adv.* backwards
atnākt *v.* to come over, to come here
atnest *v.* to bring
atņemt *v.* to take away
atpakaļ *adv.* back
atpūsties *v.* to relax, to rest
atpūta *n.* rest (*ceased activity*), relaxation
ātrā palīdzība *n.* ambulance, medical emergency unit
atraitne *n.* widow; **atraitnis** widower
atrast *v.* to find
ātri *adv.* quickly
ātrs *adj.* fast, quick
ātrums *n.* speed; rate
atsauksme *n.* reference (*recommendation*)
atsaukt *v.* to cancel
atsevišķs *adj.* separate
atslēga *n.* key

atslēgt *v.* to unlock
atspere *n.* spring (*mechanical*)
atspirdzinājumi *n.* refreshments, snacks
atstāt *v.* to leave
attaisīt *v.* to open
attaisnojums *n.* excuse
atteikt *v.* cancel; refuse, decline
attiecība *n.* relationship
attīstība *n.* development
atvainojiet *inter.* excuse me, pardon me; I'm sorry
atvaļinājums *n.* vacation
atvērt *v.* to open
atvērts *part.* open
atvest *v.* bring
atzīmēt *v.* to note, to mark
atzīt *v.* to admit, to acknowledge
audums *n.* fabric
auglis *n.* fruit
augstiene *n.* highlands
augsts *adj.* high
augstskola *n.* university, college, higher education
augstu *adv.* high
augša *n.* top
augšā *adv.* up, high up
augt *v.* to start
augums *n.* body
augusts *n.* August
aukla *n.* string
auklīte *n.* baby-sitter
auksts *adj.* cold
auskars *n.* earring
auss (*fem.*) *n.* ear
aust *v.* to weave
austrumi *n.* east
autiņi *n.* diapers
autobuss *n.* bus
automašīna *n.* car, automobile
autoosta *n.* bus station

autors(-e) *n.* author
autostāvvieta *n.* parking lot
auzas *n.* oats
avārija *n.* automobile accident
avīze *n.* newspaper
avots *n.* spring (*water*)

B

bacilis *n.* germ
bagāts *adj.* rich
bagāža *n.* baggage, luggage
baidīt *v.* to scare
baidīties *n.* to be afraid, to fear
bailes (*always plural*) *n.* fear
bailīgs *adj.* afraid, scared
balkons *n.* balcony
balle *n.* dance, ball; party
balons *n.* baloon; gas tank (*not in a car*)
bāls *adj.* pale
balsot *v.* to vote
balss *n.* voice
Baltijas jūra *n.* Baltic Sea
balts *adj.* white
balva *n.* prize
banka *n.* bank
bankas automāts *n.* ATM machine
bārda *n.* beard
barot *v.* to feed
bārs *n.* bar (*food and drink*)
baterija *n.* battery
baudīt *v.* to enjoy
baumas (*always plural*) *n.* rumor
baznīca *n.* church
bēdīgs *adj.* sad
bedre *n.* pit, hole
bēglis *n.* refugee; runaway
bēgums *n.* low tide
beidz! *inter.* stop!
beidzamais(beidzamā) *part.* last

beidzot *adv.* finally
beigas *n.* end
beigt *v.* to finish, to end, to stop, to quit
beigts *part.* dead; finished
benzīns *n.* gasoline
bēres *n.* funeral
bērns *n.* child
bērnu ārsts(-e) *n.* pediatrician
bērnudārzs *n.* nursery school; kindergarten
bērzs *n.* birch tree
bet *conj.* but
bez *prep.* without
bezmaksas (*does not conjugate*) *adj.* free (*cost*)
bibliotēka *n.* library
biedra karte *n.* membership card
biedrība *n.* association, society
biedrs(-e) *n.* member
biezs *adj.* thick (**biezais** rich *in slang*)
bieži *adv.* often, frequently
bilde *n.* photograph, picture
biljards *n.* billiards
biļete *n.* ticket
birojs *n.* office
birokrātija *n.* bureaucracy
birste *n.* brush (*clothing, floor*)
birzs (*fem.*) *n.* grove
bīstams *adj.* dangerous, hazardous
bišķiņ *adv.* little bit
bite *n.* bee
biznesmenis *n.* businessman
bizness *n.* business
blakus *prep.* next to
blusa *n.* flea
bļoda *n.* bowl
bojājums *n.* damage
bojāt *v.* to damage, to spoil

brālis *n.* brother
braukšanas tiesības *n.* driver's license
braukt *v.* to drive
bremzes *n.* brakes
brīdinājums *n.* warning
brīdināt *v.* to warn
brīdis *n.* moment
briesmas *n.* danger
brilles *n.* glasses
brīnišķīgs *adj.* wonderful
brīvā laika nodarbošanās *n.* hobby
brīvdienas *n.* vacation
brīvība *n.* freedom, independence
brīvprātīgs *adj.* voluntary
brīvs *adj.* free; vacant
brokastis *n.* breakfast
bronza *n.* bronze
brūns *adj.* brown
bruņotie spēki *n.* armed forces
brūtgāns *n.* groom
buča *n.* kiss
bučot *v.* to kiss
bumba *n.* ball (*round object*)
bundža *n.* can, tin
burka *n.* jar
burkāns *n.* carrot
burts *n.* letter (*orthography*)
būt(esmu, biju, būšu) *v.* to be
būvēt *v.* to build

C

caur *prep.* through; **cauri** *adv.* through
caurlaide *n.* pass (*permit*)
caurule *n.* pipe (*construction*), tube
caurums *n.* hole
celiņš *n.* part (*hair*); small road
celt *v.* to lift

celtnis *n.* elevator (*residential*), crane (*construction*)

ceļa soma *n.* suitcase

ceļot *v.* to travel

ceļotājs(-a) *n.* traveler

ceļojums *n.* trip, journey

ceļš *n.* road

cena *n.* price, cost

censties *v.* to strive, to try one's best

centrs *n.* center

cept *v.* bake, cook, fry

cepts *part.* fried

cerēt *v.* to hope

cerība *n.* hope

ceturtdiena *n.* Thursday

ciema kukulis *n.* hostess gift

ciemiņš *n.* visitor, guest

ciems, ciemats *n.* village

cienāt *v.* to offer food and drink

cienīt *v.* to respect; to honor

cieņa *n.* honor; respect

ciest *v.* to suffer; to bear s.th., to stand s.th. (Es nevaru to (pa)ciest. *I can't stand that.*)

ciešs *adj.* tight

ciet *adv.* closed, shut

ciets *adj.* hard (*texture*)

cietums *n.* jail, prison

cigarete *n.* cigarette

cigārs *n.* cigar

cik *adv.* how many

cilvēks *n.* person, human

cīnīties *v.* to fight

cīņa *n.* fight, battle

ciparu fotokamera *n.* digital camera

citādāk/citādi *adv.* otherwise; differently

citāds *adj.* different

cits(cita) *pron.* another, a different one; someone else

citur *adv.* elsewhere

cūka *n.* pig

cukurs *n.* sugar

Č

čakls *adj.* industrious

čaula *n.* shell

četri *num.* four

čība *n.* slipper

čigāns(čigāniete) *n.* Gypsy

čūska *n.* snake

D

daba *n.* nature

dabīgs, dabisks *adj.* natural

dabūjams *part.* available

dabūt *v.* to get, to receive, to obtain

daiļš *adj.* beautiful

dakšiņa *n.* fork

dalībnieks(dalībniece) *n.* participant

dalīt *v.* to share; to separate, to divide

daļa *n.* part, piece

dāma *n.* lady

dancot *v.* to dance

darba devējs(-a) *n.* employer

darbarīks *n.* tool

darbinieks(darbiniece) *n.* employee

darbības vārds *n.* verb

darbnīca *n.* workshop

darbs *n.* work, job

dārgs *adj.* expensive

darīt *n.* to do

dārzāji, dārzeņi *n.* vegetables

dārzs *n.* garden

dators *n.* computer

datubāze *n.* database

datums *n.* date (*calendar*)
daudzi(daudzas) *adj.* many;
  daudz *adv.* much, a lot
daudzreiz *adv.* often, many
  times
daudzums *n.* quantity
dāvana *n.* gift, present
dāvināt *v.* to give a gift
daži(dažas) *n.* a few, some
dažāds *adj.* various
dažreiz *adv.* sometimes
debess (*fem.*) *n.* sky; heaven
decembris *n.* December
dedzināt *v.* to burn
  something
degt *v.* to burn
deguns *n.* nose
degviela *n.* fuel, gasoline
deja *n.* dance
dejot *v.* to dance
dekorācija *n.* decoration;
  dekorēt *v.* to decorate
dēlis *n.* board (*construction*)
dēls *n.* son
deputāts *n.* representative in
  Parliament
derēt *v.* to fit
derīgs *adj.* valid
desmit *num.* ten
deviņi *num.* nine
dezodorants *n.* deodorant
dialekts *n.* dialect
diapozitīvs *n.* slide (*photo*)
diegs *n.* thread
diemžēl *adv.* unfortunately
diena *n.* day
dienas grāmata *n.* diary
dienas plāns *n.* schedule
dienests *n.* service (*duty, as
  in military*)
diennakts *n.* 24 hours
dienvidi *n.* south
diēta *n.* diet, special diet
dievība *n.* god (*generic*)
dieviete *n.* goddess

dievkalpojums *n.* church
  service
dievs *n.* god
**digitālais fotoaparāts,
  digitālā kamera** *n.* digital
  camera
dīķis *n.* pond
dimants *n.* diamond
direktors(-e) *n.* director
disks *n.* CD; computer disc
diskusija *n.* discussion
dīvains *adj.* strange, weird
dīvāns *n.* sofa, couch
divi *num.* two
divritenis *n.* bicycle
dokuments *n.* document
doma *n.* thought, idea;
  domas opinion
domāt *v.* to think
dot(dodu, devu, došu) *v.* to
  give
doties *v.* to set out, to get
  ready to leave
drāts (*fem.*) *n.* wire
draudēt *v.* to threaten
drauds *n.* threat
draudzene *n.* friend (*female*)
draudzīgs *adj.* friendly
draugs *n.* friend (*male*)
drēbe *n.* fabric
drēbes *n.* clothing, clothes,
  garments
drīkstēt *v.* may
drīz *adv.* soon
drīzāk *adv.* rather
droši vien *adv.* probably
drošība *n.* safety, security;
  drošības nauda *n.* deposit,
  down payment
drošs *adj.* safe; sure of
drukāt *v.* to print
drupas *n.* ruins
drusku *adv.* a little bit
dubļi (*always plural*) *n.* mud
dūmi *n.* smoke

dumjš *adj.* dumb (*foolish, stupid*)

durvis (*fem.*) (*always plural*) *n.* door

dusmas *n.* anger

dusmīgs *adj.* angry, mad

dusmot *v.* to anger

dusmoties *v.* to be angry

duša *n.* shower

dvielis *n.* towel

dvīnis(-e) *n.* twin

dzeja *n.* poetry

dzejnieks(dzejniece) *n.* poet

dzejolis *n.* poem

dzelt *v.* to sting (*ex., a bee*)

dzeltens *adj.* yellow

dzelzceļa stacija *n.* train station

dzelzceļš *n.* railway

dzelzs *n.* iron (*metal*)

dzēriens *n.* beverage, drink

dzert *v.* to drink

dzeramnauda *n.* tip

dziedāt *v.* to sing

dziesma *n.* song

dzija *n.* yarn

dziļš *adj.* deep

dzimšanas diena *n.* birthday

dzimt *n.* to be born

dzimtene *n.* homeland, fatherland

dzimums *n.* sex (*classification*)

dzinējs *n.* motor, engine

dzintars *n.* amber

dzirdēt *v.* to hear

dzirnavas *n.* mill

dzīve *n.* life (*as in "my life"*)

dzīvība *n.* life (*as opposed to death*)

dzīvnieks *n.* animal

dzīvojamā istaba *n.* living room

dzīvoklis *n.* apartment

dzīvot *v.* to live

dzīvs *adj.* alive, live

E

e-pasts *n.* e-mail

ebrejs(ebrejiete) *n.* Jew

ēdienkarte *n.* menu

ēdiens *n.* food

egle *n.* fir tree, spruce tree

ēka *n.* building

ekoloģija *n.* ecology

ekonomika *n.* economy

ekrāns *n.* screen (*film*)

eksāmens *n.* exam (*school*)

eksperiments *n.* experiment

eksportēt *v.* to export

eksports *n.* export

elektrība *n.* electricity

elektrisks *adj.* electric

elektroniskais pasts *n.* e-mail

elektrotehniķis *n.* electrician

elle *n.* hell

elpa *n.* breath

elpot *v.* to breathe

eļļa *n.* oil

emigrants(-e) *n.* emigrant

emigrēt *v.* to emigrate

ēna *n.* shade; shadow

enerģija *n.* energy

ērtības *n.* comforts

ērts *adj.* comfortable

es *pron.* I

ēst *v.* to eat

estrāde *n.* outdoor amphitheater

ezermala *n.* beach (*by a lake*)

ezers *n.* lake

ezis *n.* hedgehog

F

fabrika *n.* factory

fakss *n.* fax; **sūtīt faksu** *v.* to fax s.th.

februāris *n.* February

ferma *n.* farm
festivāls *n.* festival
filma *n.* movie
filmiņa *n.* film (*camera*)
filtrs *n.* filter
firma *n.* company (*business*)
fizika *n.* physics
folklora *n.* folklore
fonds *n.* fund
forma *n.* form, shape
fotoaparāts *n.* camera
fotografēt *v.* to photograph
fotogrāfija *n.* photograph
fotogrāfs(-e) *n.* photographer
frāze *n.* phrase
frizieris(-e) *n.* hairdresser

G

gabals *n.* piece, part
gadalaiks *n.* season (*ex., winter, spring*)
gadījumā ja in case
gadījums *n.* incident; occasion
gadīties *v.* to happen (*by chance*)
gads *n.* year
gadsimts *n.* century
gaidīt *v.* to wait; **gaidīt bērnu** to be pregnant
gailis *n.* rooster
gaisma *n.* light (*natural light, as well as "turn on the light"*)
gaiss *n.* air
gaišs *n.* light (*in color*)
gaitenis *n.* hall, hallway
gājējs *n.* pedestrian
galamērķis *n.* destination, goal
galapunkts *n.* last stop, end station
galdauts *n.* tablecloth
galds *n.* table

gals *n.* end, tip
galva *n.* head
galvaspilsēta *n.* capital
galvenā pārvalde *n.* headquarters
galvenais(galvenā) *adj.* main
galvenokārt *adv.* mainly, chiefly, for the most part
gaļa *n.* meat
gan *adv.* surely
gandrīz *adv.* almost, nearly
gans, ganiņš *n.* shepherd
gar *prep.* along (*next to*)
garām *adv.* past, by
garastāvoklis *n.* mood
garāža *n.* garage
garlaicīgs *adj.* boring
garlaikoties *v.* to be bored
garš *adj.* long, tall
garša *n.* taste; flavor
garšīgs *adj.* tasty, flavorful
garšot *v.* to taste; to taste good
gatavot *v.* to prepare, to make
gatavs *adj.* ready
gatve *n.* way (*road*)
gaume *n.* taste (*aesthetics*)
gāze *n.* gas (*as opposed to solid or liquid*)
ginekologs(-e) *n.* gynecologist
glabāt *v.* to keep, to save
glābt *v.* to save (*rescue*)
glāze *n.* glass (*for drinking*)
glezna *n.* painting (*art*)
gleznot *v.* to paint (*artist*)
glīts *adj.* good-looking
gludeklis *n.* iron (*for clothing*)
gludināt *v.* to iron, to press; **gludināmais dēlis** *n.* ironing board
gluds *adj.* smooth
godāt *v.* to honor
godīgs *adj.* honest, fair
gods *n.* honor
govs (*fem.*) *n.* cow

grāds *n.* degree
grāmata *n.* book
gramatika *n.* grammar
grāmatvedis(-e) *n.* accountant
gredzens *n.* ring
greizs *adj.* crooked
greizsirdīgs *adj.* jealous
greznot *v.* to decorate
gribēt *v.* to want
grīda *n.* floor (*what you stand on*)
griesti *n.* ceiling
griezt *v.* to cut; to turn s.th. (*rotate*)
griezties *v.* to turn (*reflexive*)
griķi (*always plural*) *n.* buckwheat
grimt *v.* to sink
grozs *n.* basket
grupa *n.* group
grūst *v.* push
grūtniecība *n.* pregnancy
grūts *adj.* hard, difficult
gudrība *n.* wisdom, cleverness
gudrs *adj.* smart, intelligent
gulēt *v.* to sleep
gulta *n.* bed
guļamistaba *n.* bedroom
guļammaiss *n.* sleeping bag
gumija *n.* rubber (*material*)
gurķis *n.* cucumber; pickle
gūt *v.* to gain, to obtain

Ģ

ģeoloģija *n.* geology
ģērbt *v.* to dress
ģērbties *v.* to dress oneself
ģībt *v.* to faint
ģimene *n.* family

H

helikopters *n.* helicopter
higiēniskā pakete *n.* sanitary pad

homoseksuāls(-a) *adj.* homosexual
humors *n.* humor

I

ideja *n.* idea
iebilst *v.* to object, to oppose
iecelot *v.* to immigrate
iecelotājs(-a) *n.* immigrant
iedegums *n.* suntan, sunburn
iedomāties *v.* to imagine
iedot *v.* to give
iedzīvotāji *n.* population, inhabitants
ieeja *n.* entrance
ieguldījums *n.* investment
iegūt *v.* to obtain, to gain
ieiet *v.* to enter
iekaisis(iekaisusi) *part.* infected
iekāpt *v.* to climb in, to get in, to step in, to board
iekšā *prep.* inside, in
iekšējs *adj.* internal
iekšpuse *n.* inside
iela *n.* street
ielaist *v.* to let in
ieleja *n.* valley
ielūgt *v.* to invite
ielūgums *n.* invitation
iemācīties *v.* to learn
iemaksa *n.* deposit; payment
iemesls *n.* reason
iemīlēties *v.* to fall in love
ienaidnieks *n.* enemy
ienākt *v.* to come in
ienākums *n.* income
ienest *v.* to bring in
ienīst *v.* to hate
iepazīstināt *v.* to introduce
iepazīt, iepazīties *v.* to meet, to make acquaintance of
iepirkties *v.* to shop
iepretī *adv.* opposite

iepriekšējais(-ā) *adj.* previous

ieradums *n.* habit

ierasties *v.* to arrive

ierasts *part.* usual, habitual

ierašanās *n.* arrival

iereibis(iereibusi) *part.* tipsy

ierobežot *v.* to restrict, to limit

ierocis *n.* weapon

ierosināt *v.* to suggest, to propose

iesaiņot *v.* to wrap, to pack

iesauka *n.* nickname

ieskaitīt *v.* to include

ieskaitīts, ieskaitot *part.* included

ieslēgt *v.* to turn on (*ex., the radio*)

iesnas *n.* cold

iesniegt *v.* to hand in

iesniegums *n.* application

iespaidīgs *adj.* impressive

iespaids *n.* impression

iespēja *n.* opportunity, possibility

iespējams *part.* possible

iestāties *v.* to join (*an organization*)

iet(eju, gāju, iešu) *v.* to go, to walk

ieteikt *v.* to recommend

ietīt *v.* to wrap

ietve *n.* sidewalk

ievads *n.* introduction (*beginning*)

ievainojums *n.* wound, injury

ievainot *v.* to injure, to wound, to hurt s.th.

ievēlēt *v.* to elect

ievērot *v.* to notice

ievest *v.* to bring in, import

ignorēt *v.* to ignore

ik *adj./adv.* every

ilgi *adv.* long, for a long time

imigrants(-e) *n.* immigrant

imigrēt *v.* to immigrate

importēt *v.* to import

imports *n.* import

inde *n.* poison

indīgs *adj.* poisonous

industrija *n.* industry

informācija *n.* information

instruments *n.* instrument

interesants *adj.* interesting

interese *n.* interest

interesēt *v.* to interest (*dative case + 3rd person* = Tev interesē vēsture. *You are interested in history.*); **interesēties** to be interested

internacionāls *adj.* international

internāts *n.* dormitory

internets *n.* internet

intervija *n.* interview

invalīds(-e) *n.* invalid, disabled/handicapped person

inženieris(-e) *n.* engineer

īpašība *n.* quality (*feature*)

īpašības vārds *n.* adjective

īpašnieks(īpašniece) *n.* owner

īpašs *adj.* special, particular

īpašums *n.* property

īpatnējs *adj.* peculiar

īre *n.* rent, rental

īrēt *v.* to rent

īss *adj.* short

istaba *n.* room (*in a building*)

istabas biedrs(biedrene) *n.* roommate

īsts *adj.* real, true

it kā *conj.* as if, it seems

it sevišķi *adv.* especially

izārstēt *v.* to cure

izbeigt *v.* to stop, to end

izbraukt *v.* to leave

izburtot *v.* to spell (*a word*)
izcelot *v.* to emigrate
izdarīt *v.* to do s.th.
izdevība *n.* opportunity, chance
izdevīgs *adj.* convenient
izdevējs, izdevniecība *n.* publisher
izdevumi *n.* expenses
izdevums *n.* publication (*ex., journal*)
izdot *v.* to publish; to spend (*money*); to hand out
izdoties *v.* to turn out well, to be a success
izdzēst *v.* to erase
izeja *n.* exit; gate (*at the airport*)
izgājis(izgājusi) *part.* out (*has gone out*)
izglābt *v.* to rescue, to save
izglītība *n.* education
izgreznot *v.* to decorate
izgriezt *v.* to cut out
izģērbties *v.* to undress
iziet *v.* to exit, to go out
izīrēt *v.* to rent to s.o.
izjokot *v.* to make fun of
izkāpt *v.* to get off, to get out
izklausīties *v.* to sound like
izkrist *v.* to fall out
izlaist *v.* to omit
izlasīt *v.* to read; to select
izlemt *v.* to decide
izlietot *v.* to use up
izlidošana *n.* departure (*by air*)
izliet *v.* to pour out; to spill
izlietne *n.* sink
izlikt *v.* to put out, to set out; to display
izlikties *v.* to pretend; to seem
izlīt *v.* to spill
izmainīt *v.* to trade, to exchange
izmantot *v.* to use, to make use of

izmazgāt *v.* to wash
izmēģināt *v.* to test, to try out
izmeklēt *v.* to investigate
izmērīt *v.* to measure
iznākt *v.* to come out
izņemot *part.* except
izņēmums *n.* exception
izpārdošana *n.* sale
izpostīt *v.* to destroy, to ruin
izpušķot *v.* to decorate
izrāde *n.* show, performance
izrotāt *v.* to decorate
izruna *n.* pronunciation
izrunāt *v.* to pronounce
izsalcis(izsalkusi) *part.* hungry
izskaidrojums *n.* explanation
izskaidrot *v.* to explain
izskatīgs *adj.* good-looking
izskatīties *v.* to look like
izslāpis(izslāpusi) *part.* thirsty
izslēgt *v.* to exclude; to turn off (*ex., the radio*)
izstāde *n.* exhibition
izteiciens *n.* phrase, expression
iztīrīt *v.* to clean
izvarot *v.* to rape
izveidot *v.* to form s.th.
izvēle *n.* choice, option, selection
izvēlēties *v.* to choose
izziņas *n.* information

J

ja *conj.* if; **ja...ne** unless
jā *adv.* yes
janvāris *n.* January
jāt *v.* to ride (*a horse*)
jau *adv.* already
jauks *adj.* nice, pleasant
jaunkundze *n.* Miss
jauns *adj.* young; new

jautājums *n.* question
jautāt *v.* to ask
jautrība *n.* fun
jeb *conj.* or
jebkad *adv.* ever
jebkurš *adj.* any
jo *conj.* because
jocīgs *adj.* funny
jokoties *v.* to joke around
joks *n.* joke
josla *n.* zone
jūlijs *n.* July
jumts *n.* roof
jūnijs *n.* June
jūra *n.* sea
juridiskie pakalpojumi *n.*
  legal services
jurists(-e) *n.* lawyer, attorney
jūrmala *n.* beach (*by the sea*)
just *v.* to feel s.th.
justies *v.* to feel
jūtas *n.* emotions, feelings
jūtīgs *adj.* sensitive
juvelieru izstrādājumi *n.*
  jewelry

K

ka *conj.* that
kā *adv.* how; *conj.* as
kabata *n.* pocket
kabatas baterija *n.* flashlight
kabatas lakats *n.*
  handkerchief
kabelis *n.* cable
kad *adv.* when
kādēļ *adv.* why
kādreiz *adv.* sometimes,
  occasionally; ever
kāds(kāda) *n.* what kind;
  pron. someone, anyone, any
kafejnīca *n.* café,
  coffeehouse
kafija *n.* coffee
kails *adj.* naked, bare

kaimiņš(kaimiņiene) *n.*
  neighbor
kaitēt *v.* to harm
kaitināt *v.* to bother
kakts *n.* corner (*of a room*)
kaķis *n.* cat
kalendārs *n.* calendar
kalns *n.* mountain, hill
kamēr *conj.* while
kamīns *n.* fireplace
kanāls *n.* channel (*TV*)
kanceleja *n.* office
kantoris *n.* office
kāpēc *adv.* why
kapi *n.* graves; cemetery
kāpnes *n.* ladder; stairs
kāposti *n.* cabbage
kaps *n.* grave
kapsēta *n.* cemetery, graveyard
kāpt *v.* to climb
karadienests *n.* military
  service
karalis(karaliene) *n.*
  king(queen)
karavīrs *n.* soldier
karogs *n.* flag
kārot *v.* to desire
karote *n.* spoon
karsts *adj.* hot
karš *n.* war
kārt *v.* to hang
kārta *n.* layer; turn (*as in*
  "*it's your turn*")
karte *n.* map
kārtība *n.* order
  (*arrangement*)
kārtīgs *adj.* neat
kartīte *n.* card
kārtot *v.* to settle, to put in
  order
kartupelis *n.* potato
kas *pron.* what (*subject*), who
kase *n.* ticket office, cashier,
  cash register

kasete *n.* cassette
kasīt *v.* to scratch (*an itch*)
kaste *n.* box
katls *n.* pot, kettle
katrs *adj.* each, every
kauja *n.* battle
kaunēties *v.* to be ashamed;
  kaunies! shame on you!
kauns *n.* shame
kausēt *v.* to melt s.th.
kauties *v.* to fight
kautiņš *n.* fight, brawl
kautrīgs *adj.* shy
kaudze *n.* pile
kauls *n.* bone; **kauliņš** pit
  (*fruit*)
kauss *n.* beer stein, mug;
  pitcher; cup (*trophy*)
kaut *conj.* if only
kaut gan *conj.* although
kaut kā *adv.* somehow
kaut kāds(-a) *pron.* some kind
kaut kas/ko *pron.* something
kaut kur *adv.* somewhere
kavēt *v.* to delay
kāzas *n.* wedding
kažoks *n.* fur (*clothing*)
kempings *n.* campground;
  braukt uz kempingu *v.* to
  go camping
keramika *n.* pottery
kino *n.* cinema, movie theater
kiosks *n.* kiosk, newsstand
klade *n.* notebook
klaips *n.* loaf
klase *n.* class, grade
klāt *prep.* next to, to go up
  to; *adv.* to be present; *v.* to
  set (*bed, table*)
klātbūtne *n.* presence
klāties *v.* to do (*as in "how
  do you do?"*)
klausīt *v.* to obey

klausīties *v.* to listen
klauvēt *v.* to knock
klavieres *n.* piano
klejot *v.* to wander
klēpis *n.* lap
kliegt *v.* to yell, to shout
klints (*fem.*) *n.* cliff, rock
klīst *v.* to wander
kluss *adj.* quiet, silent, soft
klusums *n.* silence
kļūda *n.* mistake, error
kļūdīties *v.* to be mistaken
kļūt *v.* to become
kniebt *v.* to pinch
kniede *n.* staple
kniedēt *v.* to staple
ko *pron.* what (*object*), whom
kofeīns *n.* caffeine
koferis *n.* suitcase
kokle *n.* ethnic stringed
  instrument, zither
koks *n.* tree; wood (*material*)
kokvilna *n.* cotton
koledža *n.* college
kolekcija *n.* collection
komanda *n.* team
kompaktdisks *n.* CD,
  compact disc
komplimens *n.* compliment
komunisms *n.* communism
koncerts *n.* concert
konditoreja *n.* bakery
kondoms *n.* condom
konfekte *n.* candy
konflikts *n.* conflict
konkurss *n.* competition
konservi *n.* canned goods
konservu attaisāmais *n.* can-
  opener
konsulāts *n.* consulate
konsultācija *n.* consultation
konsultants *n.* consultant,
  adviser
kontrakts *n.* contract

kontroldarbs *n.* test, exam (*school*)
kontrole *n.* inspection
konts *n.* bank account
konverters *n.* converter
kopā *adv.* together
kopējs *adj.* common (*together*)
kopēšanas centrs *n.* copy service
kopēt *v.* to copy
kopīgs *adj.* common, joint
kopija *n.* copy
kopsavilkums *n.* summary
kopš *prep.* since
kopt *v.* to take care of, to care for
korķis *n.* cork
korķvilķis *n.* corkscrew
korupcija *n.* corruption
kost *v.* to bite
košļājamā gumija, košļene *n.* chewing gum
košļāt *v.* to chew
krājums *n.* collection
krākt *v.* to snore
krāmu tirgus *n.* flea market
krāns *n.* faucet, tap
krāsa *n.* color; paint
krāsns (*fem.*) *n.* oven
krāsot *v.* to paint, to color
krasts *n.* coast, shore
krāt *v.* to collect
kratīt *v.* to shake
kravas automašīna *n.* truck
kredītkarte *n.* credit card
kredīts *n.* loan
kreisais(-ā) *adj.* left
(pa) kreisi *adv.* left (*direction*)
krējums *n.* cream (*dairy*)
krelles *n.* necklace
krēms *n.* lotion, cream

krēsls *n.* chair
krist *v.* to fall
kritiens *n.* fall (*instance of falling*)
krogs, krogus *n.* bar, tavern, pub
krūms *n.* bush, shrub
krustmāte/krusttēvs *n.* godmother/godfather
krustmeita/krustdēls *n.* goddaughter/godson
krustojums *n.* intersection
krustot *v.* to cross
krusts *n.* cross
krustvārdu mīkla *n.* crossword puzzle
krūts (*fem.*) *n.* breast
krūze *n.* cup
kuģis *n.* ship
kūka *n.* cake
kukainis *n.* insect, bug
kukulis *n.* loaf
kule *n.* bag
kultūra *n.* culture
kumoss *n.* bite
kundze *n.* Mrs., lady, madam
kungs *n.* Mr., gentleman; master
kur *adv.* where
kurls *adj.* deaf
kurp *adv.* where to
kurpe *n.* shoe
kurpju saite *n.* shoelace
kursēt *n.* to sail; to go (*airplanes, trains, busses*)
kurss *n.* exchange rate; course (*school*); year in school
kurš(kura) *pron.* which
kust *v.* to melt
kustēties *v.* to move oneself
kustināt *v.* to move s.th.
kūts (*fem.*) *n.* barn

kvadrāts *n.* square
(kvadratmetri *square meters*)
kvalitāte *n.* quality
kvantitāte *n.* quantity
kvieši (*always plural*) *n.* wheat
kvīts (*fem.*) *n.* receipt

Ķ

ķeblis *n.* stool
ķēde *n.* chain
ķemme *n.* comb
ķēniņš(ķēniņiene) *n.* king(queen)
ķermenis *n.* body
ķert *v.* to catch
ķīmija *n.* chemistry
ķīmiskā tīrītava *n.* dry-cleaner
ķivere *n.* helmet

L

labais(-ā) *adj.* right
labāk *adv.* better, rather
labdien! (*stress on 2ⁿᵈ syllable*) *inter.* hello!
labi! *inter.* good!, OK!
labi *adv.* well
(pa) labi *adv.* right (*direction*)
labot *v.* to fix
labs *adj.* good
labvakar! (*stress on 2ⁿᵈ syllable*) *inter.* good evening!
lācis *n.* bear
lādēt *v.* to charge (*battery*)
lai *conj.* so that
lai gan *conj.* although
laika apstākļi *n.* weather
laikam *adv.* probably
laikmets *n.* age, era, period
laikraksts *n.* newspaper
laiks *n.* time, weather; ___ laikā, pa ___ laiku during; laiku pa laikam now and then

laime *n.* luck, good luck
laimīgs *adj.* happy
laist *v.* to let
laiva *n.* boat
lampa *n.* lamp
lapa *n.* leaf, page, sheet (*paper*)
lāpīt *v.* to mend
lapsa *n.* fox
lapsene *n.* wasp
lāpsta *n.* shovel
lasīt *v.* to read
latvietis(-e) *n.* Latvian
Latvija *n.* Latvia
latvisks *adj.* Latvian
lauks *n.* field; **lauki** rural area; **lauku sēta** farmstead
lauksaimnieks(lauksaimniece) *n.* farmer
laukums *n.* square (*town*); field, court (*sports*)
laulāt *v.* to marry; **laulāties** *v.* to get married
laulība *n.* marriage; **laulības** *n.* wedding
lauzt *v.* to break
lauzts *part.* broken
ledus *n.* ice
ledusskapis *n.* refrigerator
lejā *adv.* down
lekcija *n.* lecture
lēkt *v.* to jump
lelle *n.* doll
lēmums *n.* decision
lēnām, lēni *adv.* slowly
lēns *adj.* slow
lepns *adj.* proud
lepnums *n.* pride
lete *n.* counter (*kitchen/store*)
lēts *adj.* inexpensive, cheap
lībietis(lībiete) *n.* Liv, Livonian
līcis *n.* bay
lidmašīna *n.* airplane
lidojums *n.* flight

lidosta *n.* airport
lidot *v.* to fly
līdz *prep.* until, as far as, to
līdzeklis *n.* means
līdzens *adj.* even, level
līdzi *adv.* along (*with*)
līdzīgs *adj.* similar
līdzjūtība *n.* sympathy
līdzsvars *n.* balance
lieks *adj.* extra, spare
lielisks *adj.* great (*wonderful*)
liels *adj.* large
lielums *n.* size
liepa *n.* linden tree
liesma *n.* flame
liet *v.* to pour
lieta *n.* thing
lietot *v.* to use; **lietotājs** *n.* user
lietots *part.* used
lietus *n.* rain
lietussargs *n.* umbrella
lietvārds *n.* noun
lifts *n.* elevator
līgava *n.* bride
līgavainis *n.* groom
līgums *n.* contract
ligzda *n.* nest
likme *n.* rate
līks *adj.* crooked
likt *v.* to put; to make s.o. do s.th
likties *v.* to seem (Man liekas. *It seems to me.*)
likumīgs *adj.* legal
likums *n.* law, rule
līme *n.* glue
līmēt *v.* to glue
līmlente *n.* masking tape
lini, lins *n.* linen; flax
līnija *n.* line
lipt *v.* to stick
literatūra *n.* literature
līvs *n.* Liv; **līvu** Livonian (*of the Livs*)

loceklis(-e) *n.* member
locīt *v.* to fold, to bend
logs *n.* window
loma *n.* part (*theater*)
lombards *n.* pawn shop
lūdzu *inter.* please; you're welcome
luga *n.* play (*theater*)
lūgšana *n.* prayer
lūgt *v.* to pray; to beg, to ask, to request
lūgums *n.* request
lūk *inter.* you see, there you are, look
lukturītis *n.* flashlight
lūpu krāsa *n.* lipstick

Ļ

ļaudis *n.* people, folks
ļauns *adj.* bad
ļaut *v.* to let, to allow
ļoti *adv.* very

M

mācēt *v.* to know how
mācīt *v.* to teach
mācītājs(-a) *n.* minister (*clergy*), priest (*fem. ending*)
mācīties *v.* to learn, to study (*ex., prepare for exam*)
maigs *adj.* mild, tender
maijs *n.* May
mainīt *v.* to change, to modify
maisīt *v.* to mix
maisīts *part.* mixed
maiss, maisiņš *n.* bag, sack
maize *n.* bread
māja *n.* house; **mājas** home, homestead, farmstead; **būt mājās** to be at home
mājas lapa *n.* website
mājdzīvnieks *n.* pet
mākonis *n.* cloud
maks, maciņš *n.* wallet

maksa n. price, fee, cost
maksājums n. payment
maksāt v. to pay; to cost
maksimums n. maximum
māksla n. art
makšķere n. fishing rod
makšķerēt v. to fish
mala n. edge, border; side
malka n. firewood
māls n. clay; **māla trauki** pottery
maltīte n. meal
mamma n. mom, mother
mape n. folder, binder
marka n. brand, make
marts n. March
māsa n. sister
masāža n. massage
maska n. mask
mašīna n. car; machine
māte n. mother
mati n. hair
matracis n. mattress
matu laka n. hairspray
matu suka n. hairbrush
maz adj./adv. few, less
mazāk adj./adv. less
mazākums n. minority
mazbērns n. grandchild
mazdēls/mazmeita n. grandson/granddaughter
mazgāt v. to wash
mazgāties v. to wash oneself
mazliet adv. a little
mazs adj. small
mēbeles n. furniture
mehāniķis n. mechanic
medības n. hunt
medicīna n. medicine (*science*)
medīt v. to hunt
medmāsa n. nurse
medus n. honey
mēģinājums n. experiment; rehearsal

mēģināt v. to try
meita n. daughter
meitene n. girl
meklēt v. to look for, to search
meli n. lies
melnais tirgus n. black market
melns adj. black
melot v. to lie
mēms adj. mute
menedžeris(-e) n. manager
mēnesis n. month
mēness n. moon
mēnešreize n. period (*menstrual*)
mērcēt v. to soak
mērīt v. to measure
mērķis n. goal, target
mērnieks n. surveyor
mēs pron. we
mest v. to throw; **mest prom** throw away
metāls n. metal
mezgls n. knot
mežģīnes (*usually plural*) n. lace (*decorative*)
mežs n. forest, woods
mierīgs adj. calm
miers n. peace
mieži (*always plural*) n. barley
mīkla n. riddle; dough
mīksts adj. soft (*texture*)
mīlēt v. to love
milti (*always plural*) n. flour
milzīgs adj. huge, enormous
mīļākais(mīļākā) adj. favorite
mīļš adj. dear
minēt v. to guess
minimums n. minimum
ministrija n. ministry, department
ministrs n. minister (*government*)

ministru prezidents *n.* prime minister

minoritāte *n.* minority

minūte *n.* minute

mirdzēt *v.* to sparkle

miris(mirusi) *part.* dead, deceased

mirklis *n.* moment

mirt *v.* to die

mitrs *adj.* damp, moist

mitrums *n.* moisture

miza *n.* peel, skin, bark

mizot *v.* to peel

mobilais (telefons) *n.* mobile phone, cell phone

mode *n.* fashion

moderns *adj.* modern

modināt *v.* to wake s.o.

mosties *v.* to wake up (*reflexive*)

motocikls *n.* motorcycle

motors *n.* motor, engine

mugura *n.* back (*anatomy*)

mugursoma *n.* backpack

muita *n.* customs, duty

muiža *n.* manor house, estate

mūks *n.* monk

mūķene *n.* nun

muļķīgs *adj.* foolish, dumb, stupid

muļķis *n.* fool

murgs *n.* nightmare

muša *n.* fly (*insect*)

mute *n.* mouth

muzejs *n.* museum

mūzika *n.* music

mūzikants(-e), mūziķis(-e) *n.* musician

mūžs *n.* lifespan

N

nabadzīgs *adj.* poor

nabags *n.* poor person

nafta *n.* oil, petroleum

nagla *n.* nail (*construction*)

nags *n.* nail (*anatomy*)

naids *n.* hate

nakošals(-ā) *adj.* next

nākotne *n.* future

nākt *v.* to come

nakts *n.* night

namatēvs/namamāte *n.* host/hostess

nams *n.* building

narkotika *n.* narcotics

nauda *n.* money; **skaidra nauda** *n.* cash

naudas maks *n.* wallet

nav *v.* to not have

nāve *n.* death

nazis *n.* knife

ne *adv.* not; **ne...ne...** neither...nor...

nē *adv.* no (*opposite of yes*)

neatkarība *n.* independence, freedom

nedēļa *n.* week

neērts *adj.* uncomfortable

negaiss *n.* thunderstorm

neglīts *adj.* ugly

neitrāls *adj.* neutral

neiespējams *part.* impossible

nejauks *adj.* mean, not nice, unlikable

nekā *conj.* than

nekad (*stress on 2nd syllable*) *adv.* never

nekārtība *n.* mess, disorder

nekas (*stress on 2nd syllable*) *n.* nothing

neklausīt *v.* to disobey

nekur (*stress on 2nd syllable*) *adv.* nowhere

nekustamais īpašums *n.* real estate

nelaime *n.* bad luck

nelaimes gadījums *n.* accident

nelikumīgs *adj.* illegal
nemaz (*stress on 2ⁿᵈ syllable*) *adv.* not at all
nepareizi *adv.* incorrect, wrong
nepareizs *adj.* incorrect, wrong
nepārskaitlis *n.* odd number
nepatikšanas *n.* trouble
nepieklājīgs *adj.* impolite, rude
nepiekrist *v.* to disagree
nepiemērots *part.* inappropriate
neprecējies(neprecējusies) *part.* unmarried
nervozs *adj.* nervous
nesen *adv.* recently
nesens *adj.* recent
nest *v.* to carry, to bring, to take along
netīrs *adj.* dirty
nevainīgs *adj.* innocent
nevarēt *v.* to not be able
neviens(-a) (*stress on 2ⁿᵈ syllable*) *n.* no one, nobody, none; *adj.* no
nevietā *adv.* out of place
nevis *adv.* instead of
niezēt *v.* to itch
niks *n.* nickname, codename
nirt *v.* to dive
no *prep.* from, of
nobeigt *v.* to finish, to end
nodaļa *n.* department, chapter
nodarbības *n.* activities
nodarbošanās *n.* occupation, profession
noderīgs *adj.* useful
nodoklis *n.* tax, duty
nodot *v.* to hand over
nogalināt *v.* to kill
nogaršot *v.* to taste

nogriezt *v.* to turn off (*to shut off*)
noguris(nogurusi) *part.* tired
nogurt *v.* to tire, to become tired
nokārtot *v.* to take care of (*to finish, to settle*)
nokavēt *v.* to miss
nokļūt *v.* to get to
nokrist *v.* to fall off
noķert *v.* to catch
nolaist *v.* to lower
nolemt *v.* to decide, to determine
nolikt *v.* to put down/away
noliktava *n.* warehouse, storage room
nolūks *n.* purpose
nolūzt *v.* to break off
noma *n.* rental
nomazgāt *v.* to wash
nomāt *v.* to rent
nometne *n.* camp; **nometnes vieta** campground
nomierināt *v.* to calm
nomirt *v.* to die
nomodā *adj.* awake
noņemt *v.* to remove
nopietns *adj.* serious
nopirkt *v.* to buy
noraidīt *v.* to decline, to refuse
normāli *adv.* OK, fine, all right
normāls *adj.* OK, fine, all right
nosaukums *n.* name (*thing*)
noslaucīt *v.* to wipe
noslepkavot *v.* to murder
noslēpums *n.* secret
nost *adv.* off
noteikt *v.* to set, to assign, to determine
noteikti *adv.* definitely
noteikums *n.* condition (*prerequisite*)

notikt *v.* to happen, to occur
notikums *n.* event
notīrīt *v.* to clean off
novads *n.* region, district
novembris *n.* November
novērojums *n.* observation
novērot *v.* to observe
novērtēt *v.* to evaluate
novietot *v.* to park
noziegums *n.* crime
nozīme *n.* meaning
nozīmēt *v.* to mean
nožēlot *v.* regret; **par nožēlu** to my regret
nu *inter.* well
numurs *n.* number
nupat *adv.* just now

Ņ
ņemt *v.* to take

O
odekolons *n.* perfume
odere *n.* lining (*clothing*)
ods *n.* mosquito
oficiāls *adj.* official
okeāns *n.* ocean
oktobris *n.* October
okupācija *n.* occupation (*possession*)
ola *n.* egg
oma *n.* mood
omulīgs *adj.* cozy, comfortable
onkulis *n.* uncle
operators *n.* bank teller, bank employee
organizācija *n.* organization
organizēt *v.* to organize
orķestris *n.* orchestra, band
osta *n.* harbor, port
ost, ostīt *v.* to smell
ota *n.* brush (*painting*)
otrdiena *n.* Tuesday

otrs *adj.* other, second
ozols *n.* oak tree

P
pa *adv.* too (*ex.*, pa daudz *too much*)
paaudze *n.* generation
paaugstināt *v.* to increase
pabeigt *v.* to finish
pabeigts *part.* done
pacelt *v.* to pick up, lift
pacienāt *v.* to offer food and drink
paciest *v.* to bear s.th., to stand s.th. (Es nevaru to (pa)ciest. *I can't stand that.*)
pacietīgs *adj.* patient
paciņa *n.* package
padēls/pameita *n.* stepson/stepdaughter
padome *n.* council
padomju *adj.* Soviet
padot *v.* to hand
padoties *v.* to yield, to surrender
pagaidām *adv.* for the time being
pagaidīt *v.* to wait
pagaidu *adj.* temporary
pagājušais(pagājušā) *adj.* last (*as in last year*), past
pagalms *n.* yard
pagarināt *v.* to extend (*length, time*)
pagasts *n.* township, county
pagātne *n.* past
pagrabs *n.* basement, cellar
pagrieziens *n.* turn, turn-off (*on a road*)
paģiras *n.* hangover
paisums *n.* high tide
paka *n.* package, parcel
pakalpojums *n.* service

pakaļ *adv.* after (*to follow*)

pakāpeniski *adv.* gradually

pakaramais *n.* hanger

pakārt *v.* to hang

paklājs *n.* carpet, rug

paklausīt *v.* to obey

pakot *v.* to pack

pakustināt *v.* to move

palags *n.* sheet (*bed*)

paldies (*stress on 2nd syllable*) *inter.* thank you

palīdzēt *v.* to help

palīdzība *n.* help

palielināt *v.* to increase

palīgā! *inter.* help!

palikt *v.* to stay, to remain

paļauties *v.* to rely

pamācība *n.* instruction

pamatīgs *adj.* thorough

pamatoties *v.* to be based (on)

pamats *n.* foundation (*support*), base

pamatskola *n.* elementary school

pamazām *adv.* little by little

pamēģināt *v.* to try

pamodināt *v.* to wake

pamperi *n.* diapers

panākums *n.* success

panna *n.* pan, skillet

paņemt *v.* to take

papīrs *n.* paper

par *prep.* about; for (*in favor of, opposite of against*); than

pār *prep.* over; across

par velti *adv.* for free

parādīt *v.* to show

parāds *n.* debt; **būt parādā** *v.* to owe

parādzīme *n.* bond (*securities*)

pārāk *adv.* too

paraksts *n.* signature

parasti *adv.* usually

parasts *adj.* usual, common, ordinary, normal

paraugs *n.* sample

paraža *n.* custom

pārbaude *n.* examination, inspection, control

pārbaudījums *n.* test, exam

pārbaudīt *v.* to check, to test, to examine

pārcelt *v.* to move (*to a different time/place*); **pārcelties** to move to a new residence

pārdevējs *n.* seller

pārdot *v.* to sell

paredzēt *v.* to foresee, to anticipate

pareizi *adv.* correctly, right

pareizs *adj.* true, correct

pāreja *n.* crossing

pāri *prep.* over, across

pāris *n.* couple, pair

pārkāpt *v.* to violate, to go against the rules

parks *n.* park

pārliecība *n.* conviction

pārmaiņa *n.* change (*s.th. different*)

pārnēsājams *part.* portable

pārņemt *v.* to take over

parocīgs *adj.* convenient

pārpratums *n.* misunderstanding

pārrunas *n.* discussion

pārrunāt *v.* to discuss

pārsēsties *v.* to transfer (*on a train, bus, etc.*)

pārskaitījums *n.* transfer (*bank*)

pārskaitlis *n.* even number

pārskats *n.* summary

pārstāvēt *v.* to represent

pārstāvis *n.* representative

pārsteigums *n.* surprise
pārsteigt *v.* to surprise
pārstrādāt *v.* to recycle
partija *n.* political party
pārtika *n.* grocery, groceries
partneris(-e) *n.* partner
pārtraukums *n.* break, intermission
pārtulkot *v.* to translate
parunāt *v.* to talk with s.o.
pārvalde *n.* board (*organization*)
pasaka *n.* fairy tale, story
pasākums *n.* activity, event
pasaule *n.* world
pasažieris *n.* passenger
pase *n.* passport
paskaidrojums *n.* explanation
paskatīties *v.* to have a look at s.th.
paslēpt *v.* to hide
paslīdēt *v.* to slip
pasta indekss/kods *n.* zip code
pasta nodaļa *n.* post office
pastaiga *n.* stroll, walk
pastaigāt *v.* to stroll
pastkartīte *n.* postcard
pastkastīte *n.* mailbox
pastmarka *n.* stamp (*postage*)
pasts *n.* mail; post office
pasūtījums *n.* order (*reservation*)
pasūtīt *v.* to order (*to reserve*)
pašnāvība *n.* suicide
pat *adv.* even
pateikt *v.* to tell, to say
pateikties *v.* to thank
patēvs/pamāte *n.* stepfather/stepmother
patiesība *n.* truth
patiess *adj.* true, correct, real
patiešām *adv.* indeed, really
patīkams *part.* nice, pleasant

patikt *v.* to like (*dative case + 3rd person* = Man patīk Ziemassvētki. *I like Christmas.*)
pats(pati) *pron.* himself(herself)
paturēt *v.* to keep
pauze *n.* break, pause
pavadīt *v.* to spend (*time*); to accompany
pavairot *v.* to copy
pavalstniecība *n.* citizenship
pavasaris *n.* spring (*season*)
pavisam *adv.* entirely
pazaudēt *v.* to lose something
paziņojums *n.* notice, announcement
paziņot *v.* to announce; to let know, to notify
pazīstams *part.* familiar
pazīt *v.* to recognize, to know (*a person*)
pazudis(pazudusi) *part.* lost
pazust *v.* to become lost, to disappear
pēc *prep.* after
pēcpusdiena *n.* afternoon
pēdējais(pēdejā) *adj.* last one
pēkšņi *adv.* suddenly
peldbaseins *n.* swimming pool
peldēt *v.* to swim
pele *n.* mouse
pelējums *n.* mold
pelnīt *v.* to earn, to deserve
pelnu trauks *n.* ashtray
peļķe *n.* puddle
peļņa *n.* profit
pensija *n.* retirement; **aiziet pensijā** *v.* to retire
pensionārs(-e) *n.* senior citizen, retired person
personas apliecinošs dokuments *n.* ID

pētniecība *n.* research
pētīt *n.* to research
pie *prep.* next to, by
pieaudzis(pieaugusi) *part.*
  adult, grown up;
  pieaugušais *n.* an adult
pieci *num.* five
piedāvājums *n.* offer
piedāvāt *v.* to offer
piederēt *v.* to belong; to own
  (Man pieder… *I own…*)
piedot *v.* to forgive
piedzēries(piedzērusies)
  part. drunk
piedzimt *v.* to be born
piedzīvot *v.* to experience
pieejams *part.* available
piegādāt *v.* to deliver
piegāde *n.* delivery
pieklājīgs *adj.* polite
pieklauvēt *v.* to knock
piekrāpt *v.* to deceive,
  to play a trick on s.o.,
  to cheat s.o.
piekrist *v.* to agree
piektdiena *n.* Friday
piemēram(piem.) *inter.* for
  example
piemērots *part.* appropriate
piemērs *n.* example
piemineklis *n.* monument
pieminēt *v.* to mention, to
  remember
piemiņa *n.* souvenir,
  remembrance
pienākšana *n.* arrival
pienākums *n.* duty
piens *n.* milk
pieņemšana *n.* reception,
  social function
pieņemt *v.* to assume, to
  accept
pieprasījums *n.* request
pieprasīt *v.* to request, to
  require

pierādījums *n.* proof
pierakstīties *v.* to register
pieredze *n.* experience
  (*knowledge*)
pierunāt *v.* to persuade
piesārņots *part.* polluted
pieskarties *v.* to touch
piestiprināt *v.* to fasten,
  to attach
pieteikšanās anketa *n.*
  application form
pieteikties *v.* to apply
pietikt *v.* to have enough
  (*dative case + 3rd person =*
  Man pietiek. *I have enough.*)
pietrūkt *v.* to be short of, to
  miss, to lack (*dative case +*
  3rd person = Man pietrūkst
  mājas. *I miss home.*)
pietura *n.* bus stop; train stop
pieturēt *v.* to stop (*bus, train*)
pievilcīgs *adj.* attractive
piezvanīt *v.* to call (*telephone*)
pildīt *v.* to fill
pildspalva *n.* ballpoint pen
pilnīgs *adj.* complete
pilns *adj.* full
pils (*fem.*) *n.* castle
pilsēta *n.* city, town
pilsonība *n.* citizenship
pilsonis(-e) *n.* citizen
pindzele *n.* brush (*painting*)
pīpe *n.* pipe (*smoking*)
pīpēt *v.* to smoke
pircējs *n.* buyer, customer
pirkt *v.* to buy
pirmā palīdzība *n.* first-aid
pirmais(pirmā) *adj.* first
pirmdiena *n.* Monday
pirms *prep.* before
pirts (*fem.*) *n.* sauna,
  bathhouse
pistole *n.* pistol, handgun
plakans *adj.* flat

plāksteris *n.* band-aid
plankums *n.* spot (*small mark*)
plāns *n.* plan; *adj.* thin (*referring to an object*)
plastika, plastmasa *n.* plastic
plaši *adv.* widely
platība *n.* space (*as in living space*), area
plats *adj.* wide
plaukts *n.* shelf
plēst *v.* to tear (*to rip s.th.*)
pliks *adj.* bare, naked
plīst *v.* to break, to tear
plīstošs *part.* fragile, breakable
plīts (*fem.*) *n.* stove
plūdi (*always plural*) *n.* flood
pļava *n.* meadow
pods *n.* pot
poga *n.* button
policija *n.* police
policists *n.* policeman
polise *n.* policy (*ex., insurance*)
politika *n.* politics
portatīvais dators *n.* laptop
portatīvs *adj.* portable
prakse *n.* practice (*profession*)
prāmis *n.* ferry
prasība *n.* requirement
prasīt *v.* to ask
prast *v.* to know how
precējies(precējusies) *part.* married
preces *n.* goods
precēt *v.* to marry; **precēties** *v.* to get married
premjerministrs *n.* prime minister
pret *prep.* against
pretējs *adj.* opposite

pretī *adv.* towards, opposite, across from
pretīgs *adj.* disgusting
pretinieks *n.* enemy
pretoties *v.* to oppose, to object; to resist
prezervatīvs *n.* condom
prezidents(-e) *n.* president
priecāties *v.* to have fun
priecīgs *adj.* happy, glad
priede *n.* pine tree
prieks *n.* joy, happiness, fun, pleasure
priekš *prep.* for
priekša *n.* front; **uz priekšu** *adv.* forward; **priekšā** *adv.* in front of; ahead
priekšapmaksa *n.* prepayment
priekšmets *n.* thing, object; topic
priekšnieks(priekšniece) *n.* chief, superior, head (*of an organization*)
priekšpilsēta *n.* suburb
priesteris *n.* priest
printeris *n.* printer
printēt *v.* to print
privāts *adj.* private
privātskolotājs(-a) *n.* tutor
problēma *n.* problem
procents *n.* percent
produkts *n.* product; **produkti** produce, products
profesija *n.* profession, occupation
profesors *n.* professor
projām, prom *adv.* away
projekts *n.* project, plan
protams *adv.* of course
protestēt *v.* to protest
protests *n.* protest
prusaks *n.* cockroach
publicēt *v.* to publish

publika *n.* audience
publikācija *v.* publication (*ex., journal*)
publisks *adj.* public
pudele *n.* bottle
pūderis *n.* powder
puika, puisis *n.* boy
puķe *n.* flower
pulcēties *v.* to gather, to assemble
pulciņš *n.* group
pulkstenis *n.* clock, watch; time (*as in "what time is it?"*); **pulksten** o'clock
pulveris *n.* powder
punkts *n.* dot, period
purvs *n.* swamp
pusaudzis(-e) *n.* teenager
pusdienas *n.* lunch
puse *n.* half; side
pūst *v.* to blow
pušķojums *n.* decoration
pušķot *v.* to decorate
pušu *adv.* hurt, torn
putekļi *n.* dust
putekļu sūcējs *n.* vacuum cleaner
putns *n.* bird
PVN (Pievienotās Vērtības Nodoklis) *n.* sales tax

R

radio *n.* radio
radinieks(radiniece) *n.* relative (*family*)
rādīt *v.* to point, to show
rads *n.* relative (*family*)
rags *n.* horn (*animal*)
raidījums *n.* TV show
raizēties *v.* to worry
rajons *n.* district, county, region
rakstāmspalva *n.* pen
rakstīt *v.* to write

rakstnieks(rakstniece) *n.* writer, author
raksts *n.* article; design
raksturs *n.* character (*attribute*)
rakt *v.* to dig
rāmis *n.* frame
rāms *adj.* calm, mild, quiet
randiņš *n.* date (*romantic*)
rāpot *v.* to crawl
rasa *n.* dew
(bērnu) ratiņi *n.* baby stroller
raudāt *v.* to cry, to weep
ražojums *n.* product
ražot *v.* to produce, to manufacture
recepte *n.* recipe
redzēt *v.* to see
regulārs *adj.* regular
reģistrācija, reģistratūra *n.* registration
reģistrēt *v.* to register
reiss *n.* trip (*airplane, train, bus*)
reize *n.* time (*as in "two times"*)
reklāma *n.* advertisement
rēķins *n.* bill
reliģija *n.* religion
remontēt *v.* to repair
remonts *n.* repair
republika *n.* republic
resns *adj.* fat
restaurēt *v.* to restore
restorāns *n.* restaurant
reti *adv.* seldom
rets *adj.* rare
rezervācija *n.* reservation
rezervāts *n.* nature preserve, reservation
rezervēt *v.* to reserve
riepa *n.* tire
riet *v.* to bark
rietumi *n.* west

rīkojums *n.* order, decree, regulation
rīkot *v.* to organize
rinda *n.* line
rindkopa *n.* paragraph
risks *n.* risk
rīt *adv.* tomorrow; *v.* to swallow
ritenis *n.* wheel
rīts *n.* morning
robeža *n.* border (*geography*); limit
roka *n.* arm; hand; **dot roku** *v.* to shake hands
rokasprādze *n.* bracelet
rokdarbs *n.* handicraft, something hand-made
rokturis *n.* handle
romāns *n.* novel
rore *n.* pipe (*construction*)
rotājums *n.* decoration
rotaļa *n.* a game with accompanying song and/or dance
rotaļlieta *n.* toy
rotaslietas *n.* jewelry
rudens *n.* fall, autumn
rudzi (*always plural*) *n.* rye
rūgts *adj.* bitter
runa *n.* speech
runāt *v.* to talk, to speak
rūpēties par *v.* to take care of
rupjš *adj.* rough
rūpnīca *n.* factory
rūpniecība *n.* industry
rūsa *n.* rust
rūsēt *v.* to rust

S

sabiedrība *n.* society
sabiedrisks *adj.* public; social
sacensība *n.* contest
sacīkste *n.* race (*competition*)
sacīt *v.* to say

sadalīt *v.* to divide, to separate
sadarbība *n.* cooperation
saderinājies(saderinājusies) *part.* engaged to be married
saderināšanās *n.* engagement (*to be married*)
sadursme *n.* conflict
Saeima *n.* Parliament
sagaidīt *v.* to expect; to welcome
sagatavot *v.* to prepare
sagatavoties *v.* to get ready
sagraut *v.* to destroy, to ruin
sagriezt *v.* to cut
saimniecība *n.* farm; economy
saimnieks(saimniece) *n.* head of household, landlord, host(hostess)
sainis *n.* parcel, package
saiņot *v.* to pack, to wrap
saite *n.* link; leash (*dog*); **kurpju saite** *n.* shoelace
sajūsma *n.* excitement
sajūta *n.* feeling
sakārtot *v.* to arrange
sakiet lūdzu... *inter.* please tell me...
sakne *n.* root; **saknes** *n.* vegetables, root vegetables
sakopot *v.* to combine
sakopt *v.* to clean up, to pick up
sākt *v.* to begin; to start
sakta *n.* decorative pin
sākums *n.* beginning
sala *n.* island
salabot *v.* to fix, to repair
salāpīt *v.* to mend
salasīt *v.* to gather
salauzt *v.* to break
saldais ēdiens *n.* dessert
salds *adj.* sweet
salīdzināt *v.* to compare
salocīt *v.* to fold

salons *n.* hairdresser
sāls *(fem.)* *n.* salt
salt *v.* to freeze, to be cold
salvete *n.* napkin, Kleenex®, tissue
sāļš *adj.* salty
samazināt *v.* to decrease, to reduce
samērā *adv.* comparatively
sanāksme *n.* meeting
sanākt *v.* to come together
santehniķis *n.* plumber
saņemt *v.* to receive
sāpe *n.* pain
sāpēt *v.* to hurt
saplēst *v.* to break s.th.
saplīsis(saplīsusi) *part.* broken
sapnis *n.* dream
sapņot *v.* to dream
saprast *v.* to understand
saprotams *inter.* of course; *part.* understandable
sapulce *n.* meeting
sapulcēties *v.* to gather *(people)*
sapuvis(sapuvusi) *part.* rotten *(decay)*
sarakstīties *v.* to correspond
saraksts *n.* list; schedule
sarežģīts *adj.* complicated
sargāt *v.* to protect; to guard
sargs *n.* watchman
sarīkojums *n.* event *(social)*
sarkans *adj.* red
saruna *n.* conversation
sasildīties *v.* to warm up *(reflexive)*
saskaņot *v.* to coordinate
saspiest *v.* to crush
sastāvdaļa *n.* ingredient
satiksme *n.* traffic
satikt *v.* to meet
saturs *n.* contents, ingredients
sauja *n.* handful

saukt *v.* to call *(using voice)*
saule *n.* sun
saulesbrilles *n.* sunglasses
saullēkts *n.* sunrise
saulriets *n.* sunset
sauss *adj.* dry
savādāk/savādi *adv.* otherwise; differently
savāds *adj.* strange, odd, weird
savākt *v.* to gather
savienība *n.* union
savienojams *part.* compatible
savienojums *n.* connection
savienot *v.* to connect, to join, to link
savs *adj.* own
savvaļas *n./adj.* wild *(not domesticated)*
sēde *n.* meeting
sēdeklis *n.* seat *(in car)*
sēdēt *v.* to sit
sēdvieta *n.* seat
sega *n.* blanket
segli *n.* saddle
seja *n.* face
sēkla *n.* seed
sekls *adj.* shallow
sekot *v.* to follow
sekretāre *n.* secretary *(office)*
sekss *n.* sex *(intercourse)*
sen *adv.* long ago
sēne *n.* mushroom
sens *adj.* very old, ancient
sēņot *v.* to pick mushrooms
septembris *n.* September
septiņi *num.* seven
sērija *n.* series
sērkociņi *n.* matches
sērot *v.* to mourn
sestdiena *n.* Saturday
seši *num.* six
sēta *n.* fence; yard, farmstead, homestead

sevišķs *adj.* special,
particular; **it sevišķi**
adv. especially
sezona *n.* season (*ex., theater*)
siena *n.* wall
siers *n.* cheese
siet *v.* to tie
sieva *n.* wife
sieviete *n.* woman; **sieviešu
kārtas** *n./adj.* female
sīks *adj.* tiny
sildīt *v.* to heat, to warm
sildītājs *n.* heater
silīte *n.* child care, day care
silts *adj.* warm
siltums *n.* heat, warmth
simpātisks *adj.* nice,
attractive
simtgade *n.* century
simts *n.* hundred
sīpols *n.* onion
sirds (*fem.*) *n.* heart
sirdsapziņa *n.* conscience
sist *v.* to hit
skābs *adj.* sour
skaidrs *adj.* clear
skaists *adj.* beautiful
skaitīt *v.* to count
skaitlis *n.* number
(*mathematical*)
skalot *v.* to rinse
skaļš *adj.* loud, noisy
skaļums *n.* volume (*loudness*)
skaņa *n.* sound
skapis *n.* closet, cabinet
skapītis *n.* locker
skatītājs(-a) *n.* spectator;
skatītāji audience
skatīties *v.* to watch, to look
skats *n.* view
skatuve *n.* stage (*theater*)
skeneris *n.* scanner
skenēt *v.* to scan
skočs *n.* Scotch tape

skolotājs *n.* teacher
skola *n.* school
skolnieks(skolniece) *n.*
student, pupil
skrāpēt *v.* to scratch (*scrape,
wound*)
skriet *v.* to run (*move quickly*)
skrūve *n.* screw
skrūvgriezis *n.* screwdriver
skulptūra *n.* sculpture
skumīgs, skumjš *adj.* sad
skūpstīt *v.* to kiss
skūpsts *n.* kiss
skūt *v.* to shave s.th.
skūties *v.* to shave oneself
slaids *adj.* slim, slender
slapjš *adj.* wet
slāpt *v.* to be thirsty (*dative
case + 3rd person =* Man
slāpst. *I am thirsty.*)
slaucīt *v.* to wipe, to sweep
slaukt *v.* to milk (*a cow*)
slavens *adj.* famous
slēdzis *n.* lock
slēgt *v.* to lock
slēgts *part.* closed, locked
slēpe *n.* ski
slepens *adj.* secret
slepkavība *n.* murder
slēpot *v.* to ski
slēpt *v.* to hide
slidens *adj.* slippery
slīdēt *v.* to slide
slidināties *v.* to slide (*down
a hill*)
slidot *v.* to skate
slīkt *v.* to drown
slikts *adj.* bad
slimnīca *n.* hospital
slims *adj.* sick, ill
slinks *adj.* lazy
slota *n.* broom
sludinājums *n.*
advertisement

sludināt *v.* to advertise

smags *adj.* heavy

smaidīt *v.* to smile

smaka *n.* stench

smalks *adj.* fine, refined, delicate

smarža *n.* odor, scent; perfume

smaržot *v.* to smell (*pleasantly*)

smēķēt *v.* to smoke

smieties *v.* to laugh

smiltis (*fem.*) *n.* sand

smirdēt *v.* to smell (*badly*), to stink

smuks *adj.* pretty

sniegs *n.* snow

sniegt *v.* to hand

soda nauda *n.* fine

sods *n.* penalty, fine

solījums *n.* promise

solīt *v.* to promise

soma *n.* bag, purse

spainis *n.* bucket, pail

spalva *n.* pen; feather

spārns *n.* wing

spēks *n.* power, strength

spēle *n.* game

spēlēt *v.* to play s.th.

spēlēties *v.* to play (*reflexive*)

spēļmantiņa *n.* toy

spēļu laukums *n.* playground

spert *v.* to kick

spīdēt *v.* to shine

spiest *v.* to push, to press

spilgts *adj.* bright

spilvens *n.* pillow

spļaut *v.* to spit

spogulis *n.* mirror

sports *n.* sport

spožs *adj.* bright

sprādziens *n.* explosion

sprāgt *v.* to explode

spriedums *n.* sentence (*law*)

spriegums *n.* voltage

spriest *v.* to judge, to give a verdict

spuldze *n.* lightbulb

stacija *n.* station

stādīt *v.* to plant

stāds *n.* plant

staigāt *v.* to walk

stārķis *n.* stork

starpbrīdis *n.* intermission

starpība *n.* difference

starptautisks *adj.* international

stāstīt *v.* to tell

stāsts *n.* story

statuja *n.* statue

stāvēt *v.* to stand

stāvoklis *n.* condition, state of being; **būt stāvoklī** to be pregnant

stāvs *n.* story, floor (*as in 2nd story/floor*)

stāvvieta *n.* parking space/lot

steidzams *part.* urgent

steigties *v.* to hurry

stieple *n.* wire

stiept *v.* to stretch

stīga *n.* string (*musical*)

stikls *n.* glass (*material*)

stiprs *adj.* strong

strādāt *v.* to work

strādnieks(strādniece) *n.* worker, employee (*usually blue collar*)

straujš *adj.* swift

straume *n.* current (*in water*)

strauts, strautiņš *n.* stream (*river*)

strāva *n.* electrical current

strīdēties *v.* to argue

strīds *n.* argument (*quarrel*)

strūklaka *n.* fountain

students(-e) *n.* student
(*at college*)

studēt *v.* to study, to attend
university

studijas *n.* studies

stulbs *adj.* stupid

stumt *v.* push

stunda *n.* hour; lesson

stūre *n.* steering wheel

stūris *n.* corner

sudrabs *n.* silver

sūdzēt (tiesā) *v.* to sue

sūdzēties *v.* to complain

sūdzība *n.* complaint

suka *n.* hairbrush

sūknis *n.* pump

sula *n.* juice

summa *n.* sum, total

suns *n.* dog

sūtīt *v.* to send

suvenīrs *n.* souvenir

svaigs *adj.* fresh, raw

svaine *n.* sister-in-law

svainis *n.* brother-in-law

svarīgs *adj.* important

svars *n.* weight; **svari**
(*always plural*) scale
(*weight*)

svece *n.* candle

svečturis *n.* candleholder

sveicieni *n.* greetings

sveicināt *v.* to greet

sveiki! *inter.* hi!

sveiks(-a) *adj.* healthy, well

svērt *v.* to weigh

svešs *adj.* foreign, unknown,
strange

svētdiena *n.* Sunday

svētki *n.* celebration, festival,
holiday

svēts *adj.* sacred, holy
(**svētozols** sacred oak tree,
svētvieta sacred place)

sviedri (*always plural*) *n.*
sweat

sviest *v.* to throw

svlests *n.* butter

svinēt *v.* to celebrate

svinības *n.* celebration

svītra *n.* line (*drawing*)

Š

šad un tad *adv.* now and then

šampūns *n.* shampoo

šaubas (*always plural*) *n.* doubt

šaubīties *v.* to doubt

šaurs *adj.* narrow, tight

šausmīgs *adj.* terrible

šaut *v.* to shoot

šautene *n.* gun, rifle

šeit *adv.* here

šis(šī) *adj./pron.* this

šitas(šitā) *adj./pron.* this

šķaudīties *v.* to sneeze

šķēle *n.* slice

šķēres *n.* scissors

šķērsot *v.* to cross

šķības *adj.* crooked, slanting

šķidrs *adj.* liquid

šķidrums *n.* liquid

šķiltavas *n.* lighter

šķiršanās *n.* divorce, parting

šķirties *v.* to divorce; to part
(*separate*)

šķist *v.* to seem (Man šķiet. *It
seems to me.*)

šķīvis *n.* plate

šņaukt *v.* to blow one's nose

šodien *adv.* today

šokolāde *n.* chocolate

šoreiz *adv.* this time

šoseja *n.* highway

šovs *n.* show, television
show; (*slang*) show,
display, spectacle

šūpoles *n.* swing

šūpot *v.* to swing s.o. or s.th.;
šūpoties to swing
šurp *adv.* here
šūt *v.* sew
šuve *n.* seam; stitch (*medical*)

T

tā *adj.* (*fem.*) that, it; *adv.* so,
thus
tabaka *n.* tobacco
tabletes *n.* medicine (*in tablet
form*)
taču *gives emphasis to a
phrase*
tad *adv.* then
tādēļ *adv.* therefore
tāds pats(tāda pati) *adj.* same
tagad *adv.* now
tagadne *n.* present
taisīt *v.* to make
taisīties *v.* to get ready for
s.th., to get ready to go
taisnība *n.* truth
taisnīgs *adj.* fair (*equality*)
taisns *adj.* straight
taka, taciņa *n.* path, trail
taksometrs *n.* taxi
talka *n.* communal work
or help
tālrunis *n.* telephone
tāls *adj.* far
tālsaruna *n.* long-distance
phone call
tamborēt *v.* to crochet
tampons *n.* tampon
tante *n.* aunt
tāpat (*stress on 2nd syllable*)
adv. the same way; just
because
tāpēc *adv.* therefore
tas(tā) *adj./pron.* that, it
tātad *adv.* consequently, so
taupīt *v.* to save (*to keep, to
reduce waste*), to conserve

taure *n.* horn (*musical*)
taustiņš *n.* key (*keyboard*)
taustīt *v.* to feel, to touch
tauta *n.* nationality, people,
ethnic group
tautasdeja *n.* folk-dance
tautasdziesma *n.* folk-song
tautastērps *n.* ethnic
costume, folk costume
tautība *n.* nationality, ethnic
group
tautisks *adj.* ethnic
te *adv.* here
teātris *n.* theater
tecēt *v.* to flow; to leak
tehnika *n.* machinery;
technique
tehnisks *adj.* technical
tehnoloģija *n.* technology
teikt (saku, teicu, teikšu) *v.*
to say, to tell
teikums *n.* sentence
(*language*)
tēja *n.* tea
tekoši *adv.* fluently
teksts *n.* text
telefons *n.* telephone
televizors *n.* television
telpa *n.* space, room
telts *n.* tent
temats *n.* topic, subject
temperatūra *n.* temperature
teorija *n.* theory
tepiķis *n.* carpet, rug
tērauds *n.* steel
tētis *n.* dad, father
tēvocis *n.* uncle
tēvs *n.* father
tēvzeme *n.* homeland,
fatherland
ticēt *v.* to believe
ticība *n.* faith, religion
tiesa *n.* court (*of law*)

tiesības *n.* right (*legal*); license
tiesnesis(-e) *n.* judge
tiešām *adv.* really
tiešs *adj.* direct, straight
tievs *adj.* thin (*usually refers to a person or animal*)
tik *adv.* so (*emphasis*)
tikai *adv.* only, just
tikko *adv.* just (*in time*)
tīkls *n.* net
tikpat *adv.* as (*as much as, as little as*)
tikšanās *n.* date (*romantic*), appointment
tikt *v.* to get to/through/in
tilpums *n.* volume (*amount*)
tilts *n.* bridge
tīmeklis *n.* internet
tinte *n.* ink
tipisks *n.* typical
tirdzniecība *n.* trade, commerce
tirgot *v.* to trade (*business*); to sell
tirgus *n.* market
tīrīt *v.* to clean, to pick up
tīrs *adj.* clean, pure
tīšām *adv.* on purpose
tomāts *n.* tomato
tomēr *conj.* yet, still, nevertheless
tornis *n.* tower
tradīcija *n.* tradition
traips *n.* spot, stain
traks *adj.* crazy
tramvajs *n.* streetcar, tram
traucēt *v.* to disturb, to bother
trauks *n.* dish, container; **trauki** dishes
trauksme *n.* alarm, warning
trausls *adj.* fragile, delicate
treneris *n.* trainer

trenēt *v.* to train someone (*sports*)
trenēties *v.* to train, to practice (*sports*)
treniņš *n.* practice (*sports*)
trepes *n.* stairs
trešdiena *n.* Wednesday
trīs *num.* three
troksnis *n.* noise
trokšņains *adj.* noisy
trolejbuss *n.* trolley bus
trotuārs *n.* sidewalk
trūkt *v.* to lack (*dative case + 3rd person = Man trūkst jakas. I lack a jacket.*)
trusis *n.* rabbit
tu *pron.* you (*singular informal*)
tualete *n.* toilet, restroom
tūkstotis *num.* thousand
tukšs *adj.* empty, blank, vacant
tūlīt (*stress on 2nd syllable*) *adv.* immediately, right away
tulkot *v.* to translate, to interpret
tumsa *n.* darkness
tumšs *adj.* dark
tunelis *n.* tunnel
tupenis *n.* potato
tur *adv.* there
turēt *v.* to hold, to keep
turīgs *adj.* wealthy
tūrisms *n.* tourism
tūrists *n.* tourist
turp *adv.* in that direction
turp un atpakaļ *adj.* round-trip (*ticket*)
turpināt *v.* to continue
tusiņš *n.* party (*slang*)
tuvs *adj.* near; **tuvu** *adv.* near, close
tvaiks *n.* steam
tvertne *n.* container

U

ubagot *v.* to beg (*ex., on street*)
ūdens *n.* water
ūdensnecaurlaidīgs *adj.* waterproof
uguns *n.* fire
ugunsdzēsējs *n.* fireman
uguns dzēšamais aparāts *n.* fire extinguisher
ugunsgrēka trauksmes signāls *n.* fire alarm
ugunskurs *n.* campfire, bonfire
un *conj.* and
un tā tālāk (u.t.t.) et cetera (etc.)
universitāte *n.* university
upe *n.* river
ūsas (*always plural*) *n.* mustache
utenis *n.* flea market
u.t.t. (un tā tālāk) etc. (et cetera)
uz *prep.* on, to
uzaugt *v.* to grow up
uzdevums *n.* task, assignment
uzdot *v.* to give up; give an assignment or task
uzgriezt *v.* to turn on (*to begin*)
uzkāpt *v.* to step on, to climb up
uzkožamie *n.* refreshments, snacks
uzkrist *v.* to fall onto
uzlabot *v.* to improve
uzlaikot *v.* to try on
uzmanība *n.* attention
uzmanies! look out! be careful!
uzmanīgs *adj.* careful
uzmanīties *v.* to be careful
uzminēt *v.* to guess
uzņēmējs *n.* businessman
uzņēmums *n.* business, company, enterprise
uzreiz *adv.* at once, suddenly
uzrunāt *v.* to address
uzsildīt *v.* to warm
uzskats *n.* opinion
uzstādīt *v.* to set up
uzsvars *v.* accent, stress (*emphasis*)
uzsvērt *v.* to accent, to stress
uztaisīt *v.* to make
uzticams *part.* reliable
uzticēties *v.* to trust
uzticība *n.* trust
uzticīgs *adj.* true, faithful, reliable
uztraucies(uztraukusies) *part.* to be upset
uztraukties *v.* to worry
uzturs *n.* food, board, diet (*daily sustenance*)
uzvara *n.* victory
uzvārds *n.* surname
uzvarēt *v.* to win
uzzināt *v.* to find out

V

vadība *n.* management; leadership
vadīt *v.* to direct, to lead, to run
vadītājs(-a) *n.* director, manager
vads *n.* wire, cable, pipe
vai *conj.* or; whether
vai nu...vai... *conj.* either...or...
vaina *n.* guilt
vainīgs *adj.* guilty
vairāk *adv.* more
vairāki *adj.* several
vairākums *n.* majority
vairs *adv.* anymore
vairums *n.* most

vajadzēt *v.* to need; to must (*dative case + 3rd person =* Man vajag ēst. *I need to eat.*)

vajadzīgs *adj.* necessary

vājš *adj.* weak

vakar *adv.* yesterday

vakariņas *n.* dinner

vakars *n.* evening

vāks *n.* cover, lid

valde *n.* board (*organization*)

valdība *n.* government

valdīt *v.* to govern, to rule

valoda *n.* language

valsts (*fem.*) *n.* nation, state, country

valūta *n.* currency

vaļā *adv.* open

vaļasprieks *n.* hobby

vaļīgs *adj.* loose

vanna *n.* bathtub

vannas istaba *n.* bathroom (*sometimes has no toilet*)

vara *n.* power

varbūt *adv.* maybe, perhaps

vārdnīca *n.* dictionary

vārds *n.* name; word; **vārdu krājums** vocabulary

varens *adj.* mighty

varēt *v.* to be able

vārīgs *adj.* fragile, frail, delicate, tender

vārīt *v.* to boil, to cook

vārti (*always plural*) *n.* gate

vasara *n.* summer

vasks *n.* wax

vecāki *n.* parents

vecāmāte/vectēvs *n.* grandmother/grandfather

vecs *adj.* old

vecums *n.* age

vecvecāki *n.* grandparents

vedekla *n.* daughter-in-law

veidlapa *n.* form (*bureaucracy*)

veidot *v.* to form, to shape, to develop

veikals *n.* store, shop

vējš *n.* wind

vēl *adv.* more; still, yet

vēl viens(-a) *adj.* another

vēlāk *adv.* later

vēlēšanas *n.* election

vēlēšanās *n.* desire

vēlēt *v.* to wish

vēlēties *v.* to wish for oneself

velns *n.* devil

velosipēds *n.* bicycle

vēlreiz *adv.* once more, again

vēls *adj.* late

veļa *n.* laundry; underwear; **veļas mazgājamā mašīna** washing machine

veļas mazgātava *n.* laundromat

vemt *v.* to vomit

vērtēt *v.* to value, to judge; **nav vērts** it's not worth it

vērtība *n.* value, worth, cost

veselība *n.* health; **uz veselību!** *inter.* bless you!

vesels *adj.* whole; healthy, well

vēsināt *v.* to cool

vēss *adj.* cool (*temperature*)

vest *v.* to take along, to bring; to conduct

vēstniecība *n.* embassy

vēstule *n.* letter (*correspondence*)

vēsture *n.* history

vēsturisks *adj.* historic

veterinārārsts(-e) *n.* veterinarian

vētra *n.* storm

vide *n.* environment

videokamera *n.* video camera

videolente, videokasete *n.* videotape

videomagnetofons *n.* VCR

vidus *n.* center, middle

vidusskola *n.* high school

viegls *adj.* easy; light (*weight*)

viela *n.* material, matter, substance

vienāds *adj.* same, equal, identical, even

vienalga *adv.* it doesn't matter, I don't care

vienīgais(-ā) *adj.* only

vienīgi *adv.* only

vienkārši *adv.* simply, just

vienkāršs *adj.* plain, simple

vienlīdzība *n.* equality

vienlīdzīgs *adj.* equal

vienmēr *adv.* always

vienmērīgs *adj.* even, regular

vienošanās *n.* agreement

vienoties *v.* to come to an agreement

viens, viens pats(viena pati) *adj./adv.* alone

vienreizējs *adj.* wonderful, one-of-a-kind, extraordinary

viens *adj./num.* one

vientuļš *adj.* lonely

vienvirziens *n.* one-way

viesības *n.* party, social event

viesis *n.* guest, visitor

viesnīca *n.* hotel

vieta *n.* place, spot, room (*space*); seat

vietējs *adj.* local

vilciens *n.* train

vīle *n.* hem, seam; file

vilks *n.* wolf

vilkt *v.* to pull; to wear (*clothing*)

vilna *n.* wool

vilnis *n.* wave

vilšanās *n.* disappointment

vingrinājums *n.* exercise

vingrināties *v.* to practice

vingrot *v.* to exercise

viņi(viņas) *pron.* they

viņš(viņa) *pron.* he, it

vīrietis *n.* man; **vīriešu kārtas** *n./adj.* male

virs *prep.* above, over

vīrs *n.* husband

virsraksts *n.* title

virsū *adv.* on

virtuve *n.* kitchen

virve *n.* rope

virziens *n.* direction

visi *pron.* all, everybody

vispārējs *adj.* general

vispirms *adv.* at first, first of all

viss *pron.* everything; that's all

vista *n.* hen, chicken

visur *adv.* everywhere

vitamīns *n.* vitamin

vītols *n.* willow tree

vīza *n.* visa

vizuāls *adj.* visual

voltāža *n.* voltage

Z

zābaks *n.* boot

zādzība *n.* theft

zaglis *n.* thief

zagt *v.* to steal

zāģis *n.* saw

zaķis *n.* hare

zāle *n.* grass; hall (*large room*); **zāles** medicine, drugs (*medicinal*)

zaļš *adj.* green

zaudēt *v.* to lose a game/race

zelts *n.* gold

zem *prep.* under, below

zeme *n.* soil, land, country (*nation*), earth

zemkopība *n.* agriculture

zemnieks(zemniece) *n.* farmer

zems *adj.* low

zēns *n.* boy
zibspuldze *n.* flash (*camera*)
zīdainis *n.* baby
zīds *n.* silk
ziede *n.* cream, balm, lotion
ziedojums *n.* donation
zieds *n.* blossom, flower
ziema *n.* winter
ziemeļi *n.* north
ziepes (*always plural*) *n.* soap
zils *adj.* blue
zīme *n.* sign
zīmēt *v.* to draw
zīmogs *n.* stamp, seal
zīmulis *n.* pencil
zināšanas *n.* knowledge
zināt *v.* to know
zinātne *n.* science
zinātnisks *adj.* scientific
ziņa *n.* message; **ziņas** *n.* news
ziņkārīgs *adj.* curious
ziņojums *n.* message, notice, announcement
ziņot *v.* to report
zirgs *n.* horse
zirneklis *n.* spider
zivs *n.* fish

znots *n.* son-in-law
zobārsts(-e) *n.* dentist
zobs *n.* tooth
zobu birste *n.* toothbrush
zobu pasta *n.* toothpaste
zobu suka *n.* toothbrush
zona *n.* zone
zooloģiskais dārzs, zoodārzs *n.* zoo
zupa *n.* soup
zvaigzne *n.* star
zvanīt *v.* to ring
zvejnieks *n.* fisherman
zvejot *v.* to fish
zvērs *n.* animal, beast
zvēru dārzs *n.* zoo

Ž

žāvāties *v.* to yawn
žāvēt *v.* to dry
žēl *adv.* to have pity (Man ir žēl. *What a pity/I'm sorry.*)
žīds(-iete) *n.* Jew
žilete *n.* razorblade
žurka *n.* rat
žurnālists(-e) *n.* journalist
žurnāls *n.* magazine

ENGLISH-LATVIAN DICTIONARY

Verbs with irregular forms have the first person present, past, and future in parentheses. All Latvian nouns and adjectives are given only in the nominative case. *–a,* or *–e* in parentheses after a word is the feminine ending of a noun. Sometimes, if the feminine form is more than just an *–a* or *–e* ending, the whole word is written in parentheses. Adjectives are written in the masculine form in this dictionary; exchange the *–s* ending with *–a* to form the feminine version in the nominative case. Unless followed by a feminine form in parentheses, Latvian participles are declined like adjectives.

A

(to be) able *v.* varēt
about *prep.* par; *adv.* apmēram (*approximately*)
above *prep.* virs
abroad *n.* ārzemes (*always plural*)
academy *n.* akadēmija
accent *n.* izruna, akcents (*pronunciation*); uzsvars (*stress*); *v.* uzsvērt
accept *v.* pieņemt
accident *n.* nelaimes gadījums, avārija (*automobile*)
accompany *v.* pavadīt
accountant *n.* grāmatvedis(-e)
across *prep.* pāri, pār; pretī (*opposite*)
activity *n.* nodarbība
actor(actress) *n.* aktieris(aktrise)
adapter *n.* adapteris
address *n.* adrese; *v.* uzrunāt
adjective *n.* īpašības vārds

administration *n.* administrācija
admire *v.* apbrīnot
admit *v.* atzīt
adopt *v.* adoptēt
adoption *n.* adoptēšana
adult *n.* pieaugušais; *adj.* pieaudzis(pieaugusi)
advertise *v.* sludināt, reklamēt
advertisement *n.* sludinājums, reklāma
adviser *n.* konsultants
afraid *adj.* bailīgs; *v.* baidīties (*to be afraid*)
after *prep.* pēc; *adv.* pakaļ (*to follow*)
afternoon *n.* pēcpusdiena
again *adv.* atkal, vēlreiz
against *prep.* pret
age *n.* vecums; *v.* novecot
aggressive *adj.* agresīvs
agree *v.* piekrist; vienoties (*to come to an agreement, also in business*)

agreement *n.* vienošanās
agriculture *n.* lauksaimniecība, zemkopība
ahead *adv.* priekšā
air *n.* gaiss
airplane *n.* lidmašīna
airport *n.* lidosta
alarm *n.* trauksme
alcohol *n.* alkohols
alive *adj.* dzīvs
all *adj.* visi
allergy *n.* alerģija
allow *v.* ļaut, atļaut
allowed *part.* atļauts
almost *adv.* gandrīz
alone *adj./adv.* viens pats(viena pati), viens
along *adv.* līdzi (*with*); *prep.* gar (*next to*)
already *adv.* jau
also *adv.* arī
although *conj.* lai gan, kaut gan
always *adv.* vienmēr
amber *n.* dzintars
ambulance *n.* ambulance, ātrā palīdzība
ancient *adj.* sens
and *conj.* un
anger *n.* dusmas (*plural only*); *v.* sadusmot
angry *adj.* dusmīgs; *v.* dusmoties (*to be angry*)
animal *n.* dzīvnieks, zvērs
announce *v.* paziņot
announcement *n.* ziņojums, paziņojums
another *adj.* vēl viens (*more*); cits (*a different one*)
answer *n.* atbilde; *v.* atbildēt
anticipate *v.* paredzēt
any *adj.* kāds, jebkurš
anymore *adv.* vairs
anyone *pron.* kāds, jebkurš

apartment *n.* dzīvoklis
applaud *v.* aplaudēt
apple *n.* ābols; **apple tree** ābele
application *n.* pieteikšanās anketa, iesniegums
apply *v.* pieteikties
appointment *n.* tikšanās (*business*)
appropriate *adj.* piemērots
approximately *adv.* apmēram
April *n.* aprīlis
architect *n.* arhitekts(-e)
architecture *n.* arhitektūra
area *n.* platība; vieta (*place*)
argue *v.* strīdēties
argument *n.* strīds (*quarrel*)
arm *n.* roka
armed forces *n.* bruņotie spēki
army *n.* armija
around *prep.* ap, apkārt
arrange *v.* sakārtot
arrival *n.* pienākšana, ierašanās
arrive *v.* pienākt (*train*), ierasties
art *n.* māksla
article *n.* raksts (*written*)
as *adv.* tikpat (*as much as, as little as*); *conj.* kā; it kā (*as if*)
(to be) ashamed *v.* kaunēties
ashtray *n.* pelnutrauks
ask *v.* prasīt, jautāt, lūgt (*request*)
aspirin *n.* aspirīns
assignment *n.* uzdevums
association *n.* biedrība (*society*)
assume *v.* pieņemt
ATM *n.* bankas automāts

attach *v.* piestiprināt
attend *v.* apmeklēt (*ex., a concert*), apkalpot (*wait on, serve*)
attention *n.* uzmanība
attorney *n.* jurists(-e), advokāts(-e)
attractive *adj.* pievilcīgs, simpātisks
audience *n.* publika, skatītāji
August *n.* augusts
aunt *n.* tante
author *n.* autors(-e)
automobile *n.* automašīna, mašīna
autumn *n.* rudens
available *adj.* dabūjams, pieejams
awake *adj.* nomodā
away *adv.* projām, prom

B

baby *n.* zīdainis
baby-sitter *n.* auklīte
back *n.* aizmugure (*of an object*), mugura (*anatomy*); *adv.* atpakaļ; aiz, aizmugurē (*in back of, behind*)
backward *adv.* atmuguriski; ačgārni (*the other way around*)
backpack *n.* mugursoma
bad *adj.* slikts, ļauns
bag *n.* maiss, maisiņš, kule, soma (*purse*)
baggage *n.* bagāža
bake *v.* cept
bakery *n.* konditoreja
balance *n.* līdzsvars
balcony *n.* balkons
ball *n.* bumba (*round object*); balle (*dance*)
balloon *n.* balons

ballpoint pen *n.* pildspalva
Baltic Sea *n.* Baltijas jūra
band *n.* ansamblis, mūzikas grupa, orķestris
band-aid *n.* plāksteris
bank *n.* banka
bank account *n.* konts, bankas konts
bar *n.* krogs, bārs (*food and drink*)
bare *adj.* pliks, kails
bark *n.* miza (*tree*); *v.* riet (*dog*)
barley *n.* mieži (*always plural*)
barn *n.* kūts (*fem.*)
base *n.* pamats; *v.* pamatoties (*to be based on*)
basement *n.* pagrabs
basket *n.* grozs
bathroom *n.* vannas istaba (*sometimes has no toilet*); ateja, tualete (*toilet*)
bathtub *n.* vanna
battery *n.* baterija
battle *n.* kauja, cīņa
bay *n.* līcis
be *v.* būt (esmu, biju, būšu)
beach *n.* jūrmala (*by the sea*), ezermala (*by a lake*)
bear *n.* lācis
beard *n.* bārda
beautiful *adj.* skaists, daiļš
because *conj.* jo
become *v.* kļūt
bed *n.* gulta
bedroom *n.* guļamistaba
bee *n.* bite
beer *n.* alus
before *prep.* pirms
beg *v.* lūgt (*ask*); ubagot (*ex., on street*)
begin *v.* sākt
beginning *n.* sākums

behind *prep.* aiz
believe *v.* ticēt
belong *v.* piederēt
below *prep.* zem
bend *v.* locīt
beverage *n.* dzēriens
bicycle *n.* divritenis, velosipēds
big *adj.* liels
bill *n.* rēķins
billiards *n.* biljards
birch tree *n.* bērzs
bird *n.* putns
birthday *n.* dzimšanas diena
bite *n.* kumoss; *v.* kost
bitter *adj.* rūgts
black *adj.* melns
black market *n.* melnais tirgus
blank *adj.* tukšs
blanket *n.* sega
bless you! *inter.* uz veselību!
blind *adj.* akls
blood *n.* asins (*fem.*)
blossom *n.* zieds
blow *v.* pūst; šņaukt (*to blow one's nose*)
blue *adj.* zils
board *n.* dēlis (*construction*); ziņojumu dēlis (*messages*); pilna pansija, uzturs (*food*); valde, pārvalde (*organization*); *v.* iekāpt (*ship, train, train, bus*)
boat *n.* laiva
body *n.* ķermenis, augums
boil *v.* vārīt
bon appetit labu apetīti
bond *n.* parādzīme (*securities*)
bone *n.* kauls
bonfire *n.* ugunskurs
book *n.* grāmata
boot *n.* zābaks
border *n.* robeža (*geography*); mala (*edge*)

bore *v.* apnikt (*dative case + 3rd person* = Man apnīk kartupeļi. *Potatoes bore me.*); garlaikoties (*to be bored*)
boring *adj.* garlaicīgs
(be) born *v.* dzimt, piedzimt
borrow *v.* aizņemties
both *adj.* abi
bother *v.* traucēt, kaitināt
bottle *n.* pudele
bottom *n.* apakša
bowl *n.* bļoda
box *n.* kaste
boy *n.* zēns, puika, puisis
bracelet *n.* aproce, rokas sprādze
brakes *n.* bremzes
brand *n.* marka (*make*)
bread *n.* maize
break *n.* pārtraukums, pauze; *v.* saplēst, lauzt, salauzt; plīst (*to be broken*); nolūzt (*to break off*)
breakfast *n.* brokastis
breast *n.* krūts (*fem.*)
breath *n.* elpa
breathe *v.* elpot
bride *n.* līgava
bridge *n.* tilts
bright *adj.* spožs, spilgts
bring *v.* atnest, nest, atvest, vest; **bring in** ienest, ievest
broken *part.* lauzts, saplīsis(saplīsusi)
bronze *n./adj.* bronza
broom *n.* slota
brother *n.* brālis
brother-in-law *n.* svainis
brown *adj.* brūns
brush *n.* ota, pindzele (*painting*); suka (*hair*); birste (*clothing, floor*)
bucket *n.* spainis

buckwheat *n.* griķi (*always plural*)

bug *n.* kukainis (*insect*); kļūda (*computer program*)

build *v.* būvēt

building *n.* ēka, nams

bureaucracy *n.* birokrātija

burn *n.* apdegums; *v.* degt, dedzināt (*to burn s.th.*)

bus *n.* autobuss

bus station *n.* autoosta

bush *n.* krūms

business *n.* uzņēmums, bizness

businessman *n.* uzņēmējs, biznesmenis

busy *adj.* aizņemts

but *conj.* bet

butter *n.* sviests

button *n.* poga

buy *v.* pirkt, nopirkt

buyer *n.* pircējs

by *prep.* pie; *adv.* garām (*past*)

bye-bye! *inter.* atā!

C

cabbage *n.* kāposts

cabinet *n.* skapis

cable *n.* vads, kabelis

café *n.* kafejnīca

caffeine *n.* kofeīns

cake *n.* kūka

calendar *n.* kalendārs

call *v.* saukt; piezvanīt (*telephone*)

calm *adj.* mierīgs, rāms; *v.* nomierināt

camera *n.* fotoaparāts

camp *n.* nometne; *v.* dzīvot kempingā, nakšņot teltīs

campfire *n.* ugunskurs

campground *n.* kempings, nometnes vieta

can *n.* bundža

can opener *n.* konservu attaisāmais

cancel *v.* atsaukt, atteikt

candle *n.* svece

candleholder *n.* svečturis

candy *n.* konfekte

canned goods *n.* konservi

capital *n.* galvaspilsēta

car *n.* automašīna, mašīna

card *n.* kartīte

care for *v.* kopt, rūpēties; **to take care of** nokārtot; **I don't care** man vienalga

careful *adj.* uzmanīgs; *v.* uzmanīties (*to be careful*); uzmanies! (*be careful!*)

caretaker *n.* apkopējs(-a)

carpet *n.* paklājs, tepiķis

carrot *n.* burkāns

carry *v.* nest

(in) case gadījumā ja

cash *n.* skaidra nauda

cashier, cash register *n.* kase

cassette tape *n.* kasete

castle *n.* pils (*fem.*)

cat *n.* kaķis

catch *v.* ķert, noķert

cave *n.* ala

CD (compact disc) *n.* kompaktdisks, disks

ceiling *n.* griesti

celebrate *v.* svinēt

celebration *n.* svētki, svinības

cell phone *n.* mobilais telefons, mobilais

cellar *n.* pagrabs

cemetery *n.* kapsēta, kapi

center *n.* vidus, centrs (*place*)

century *n.* gadsimts, simtgade

certificate *n.* apliecība

chain *n.* ķēde

chair *n.* krēsls

chance *n.* izdevība, iespēja (*opportunity*)

change *n.* pārmaiņa (*s.th. different*); *v.* mainīt

channel *n.* kanāls (*TV*)

chapter *n.* nodaļa

character *n.* raksturs (*attribute*)

charge *v.* lādēt (*battery*)

cheap *adj.* lēts

cheat *v.* piekrāpt (*to cheat s.o.*)

check *v.* pārbaudīt (*to test, examine*)

cheese *n.* siers

chemistry *n.* ķīmija

chew *v.* košļāt

chewing gum *n.* košļājamā gumija, košļene (*slang*)

chicken *n.* vista

child *n.* bērns

child care *n.* bērnudārzs (*all age groups*), silīte (*infants, toddlers only*)

chocolate *n.* šokolāde

choice *n.* izvēle

choose *v.* izvēlēties

church *n.* baznīca

church service *n.* dievkalpojums

cigar *n.* cigārs

cigarette *n.* cigarete

cinema *n.* kino

circle *n.* aplis

citizen *n.* pilsonis(-e)

citizenship *n.* pavalstniecība, pilsonība

city *n.* pilsēta

class *n.* klase

clay *n.* māls

clean *adj.* tīrs; *v.* tīrīt, iztīrīt, notīrīt; sakopt (*to pick up*)

clear *adj.* skaidrs

cliff *n.* klints (*fem.*)

climb *v.* kāpt

clock *n.* pulkstenis

close *adv.* tuvu; *v.* aizvērt, aiztaisīt

closed *part.* ciet, slēgts (*shop*)

closet *n.* skapis

clothes *n.* drēbes

clothing *n.* drēbes, apģērbs

cloud *n.* mākonis

coast *n.* krasts

cockroach *n.* prusaks

coffee *n.* kafija

coffeehouse *n.* kafejnīca

cold *adj.* auksts; *n.* iesnas; *v.* salt (*to be cold, to freeze*)

collect *v.* krāt

collection *n.* kolekcija, krājums

college *n.* koledža, augstskola

color *n.* krāsa; *v.* krāsot

comb *n.* ķemme

combine *v.* sakopot

come *v.* nākt, atnākt (*to come over, to come here*); ienākt (*to come in*); iznākt (*to come out*)

comfortable *adj.* ērts

comforts *n.* ērtības

common *adj.* parasts (*usual*); kopējs, kopīgs (*together*)

communism *n.* komunisms

company *n.* uzņēmums, firma

comparatively *adv.* samērā

compare *v.* salīdzināt

compatible *adj.* savienojams

competition *n.* konkurss

complain *v.* sūdzēties

complaint *n.* sūdzība

complete *adj.* pilnīgs

complicated *adj.* sarežģīts

compliment *n.* kompliments

computer *n.* dators

concert *n.* koncerts

condition *n.* stāvoklis (*state of being*); noteikums (*prerequisite*)

condom *n.* prezervatīvs, kondoms

conflict *n.* konflikts, sadursme

confused *part.* apjucis (apjukusi)

congratulate *v.* apsveikt

congratulation *n.* apsveikums; **congratulations!** apsveicu!

connect *v.* savienot

connection *n.* savienojums

conscience *n.* sirdsapziņa

consequently *adv.* tātad

conserve *v.* taupīt

consider *v.* apdomāt

consulate *n.* konsulāts

consultant *n.* konsultants

consultation *n.* konsultācija

container *n.* trauks (*dish*), tvertne

content *adj.* apmierināts; *n.* saturs

contest *n.* sacensība

continue *v.* turpināt

contract *n.* līgums, kontrakts

control *n.* pārbaude (*examination*), kontrole; *v.* kontrolēt

convenient *adj.* parocīgs, izdevīgs

converter *n.* konverters

conversation *n.* saruna

cook *v.* cept (*bake*); vārīt (*boil*)

cool *adj.* vēss; *v.* vēsināt

cooperation *n.* sadarbība

coordinate *v.* saskaņot

copy *n.* kopija; *v.* kopēt, pavairot

copy service *n.* kopēšanas centrs

cork *n.* korķis

corkscrew *n.* korķvilķis

corner *n.* stūris, kakts (*in a room*)

correct *adv.* pareizi; *adj.* pareizs; *v.* izlabot

correspond *v.* sarakstīties

corruption *n.* korupcija

cost *n.* cena, maksa, vērtība (*value*); *v.* maksāt

costume *n.* kostīms, tautastērps (*ethnic*)

cotton *n.* kokvilna

council *n.* padome

count *v.* skaitīt

counter *n.* lete (*kitchen/store*)

country *n.* valsts (*fem.*), zeme (*nation*); lauki (*rural area*); dzimtene, tēvzeme (*homeland*)

county *n.* rajons, pagasts, apriņķis

couple *n.* pāris

course *n.* kurss (*school*)

court *n.* tiesa (*of law*); laukums (*sport*)

cover *n.* vāks; *v.* apsegt

cow *n.* govs (*fem.*)

cozy *adj.* omulīgs

crawl *v.* rāpot

crazy *adj.* traks

cream *n.* krējums (*dairy*); krēms, ziede (*cosmetic*)

credit card *n.* kredītkarte

crime *n.* noziegums

crochet *v.* tamborēt

crooked *adj.* līks, greizs, šķībs

cross *n.* krusts; *v.* krustot, šķērsot

crossing *n.* pāreja

crossword puzzle *n.* krustvārdu mīkla

crush *v.* saspiest

cry *v.* raudāt

cucumber *n.* gurķis

culture *n.* kultūra

cup *n.* krūze
cure *n.* ārstnieciskais
līdzeklis; *v.* izārstēt
curious *adj.* ziņkārīgs
currency *n.* valūta
current *n.* straume (*water*);
strāva (*electricity*)
curtain *n.* aizkars
custom *n.* paraža
customs *n.* muita
customer *n.* pircējs
cut *n.* gabals (*meat*); *v.* griezt,
sagriezt; izgriezt (*to cut out*)

D

damage *n.* bojājums; *v.* bojāt
damp *adj.* mitrs
dance *n.* deja; balle (*ball*);
v. dejot, dancot
danger *n.* briesmas
dangerous *adj.* bīstams
dark *adj.* tumšs
darkness *n.* tumsa
database *n.* datubāze
date *n.* datums (*calendar*);
randiņš (*romantic*), tikšanās
(*romantic, also business*)
daughter *n.* meita
daughter-in-law *n.* vedekla
day *n.* diena
day care *n.* bērnudārzs (*all
age groups*), silīte (*infants
and toddlers only*)
dead *adj.* beigts,
miris(mirusi) (*deceased*)
deaf *adj.* kurls
dear *adj.* mīļš
death *n.* nāve
debt *n.* parāds
decaffeinated *adj.* bez kofeīna
deceased *adj.* miris(mirusi)
deceive *v.* piekrāpt
December *n.* decembris
decide *v.* izlemt, nolemt

decision *n.* lēmums
decline *v.* atteikt, noraidīt
decorate *v.* dekorēt,
(iz)greznot, (iz)rotāt,
(iz)pušķot
decoration *n.* dekorācija,
pušķojums, rotājums
decrease *v.* samazināt
deep *adj.* dziļš
defend *v.* aizstāvēt, aizsargāt
defense *n.* aizsardzība
definitely *adv.* noteikti
degree *n.* grāds
delay *v.* aizkavēt, kavēt
delicate *adj.* smalks, trausls
deliver *v.* piegādāt
delivery *n.* piegāde
democrat *n.* demokrāts
dentist *n.* zobārsts(-e)
deodorant *n.* dezodorants
depart *v.* atiet, izbraukt,
izlidot (*by air*)
department *n.* ministrija
(*government*), nodaļa
departure *n.* atiešana,
izbraukšana, izlidošana
(*by air*)
deposit *n.* iemaksa, drošības
nauda (*down payment*)
describe *v.* aprakstīt
deserve *v.* pelnīt
desire *n.* vēlēšanās;
v. vēlēties, kārot
dessert *n.* saldais ēdiens
destination *n.* galamērķis
destroy *v.* izpostīt, sagraut
determine *v.* nolemt; noteikt
(*to assign*)
detour *n.* apbraucamais ceļš,
apkārtceļš
develop *v.* izveidot
development *n.* attīstība,
izveide
devil *n.* velns

dialect *n.* dialekts
diamond *n.* dimants
diapers *n.* autiņi, pamperi
diary *n.* dienasgrāmata
dictionary *n.* vārdnīca
die *v.* mirt, nomirt
diet *n.* uzturs (*daily sustenance*); diēta (*special diet*)
difference *n.* starpība
different *adj.* citāds
differently *adv.* citādi, savādi
difficult *adj.* grūts
dig *v.* rakt
digital camera *n.* digitālais fotoaparāts, digitālā kamera, ciparu fotokamera
dinner *n.* vakariņas (*evening meal*)
direct *v.* vadīt; *adj.* tiešs
direction *n.* virziens; *adv.* turp (*in that direction*)
director *n.* vadītājs(-a), direktors(-e)
dirty *adj.* netīrs
disabled person *n.* invalīds(-e)
disagree *v.* nepiekrist
disappear *v.* pazust
disappointment *n.* vilšanās
disc *n.* disks (*computer*)
discount *n.* atlaide
discuss *v.* pārrunāt
discussion *n.* pārrunas
disgusting *adj.* pretīgs
dish *n.* trauks; **dishes** trauki
disobey *v.* neklausīt
disorder *n.* nekārtība
district *n.* apgabals, novads, rajons
disturb *v.* traucēt
dive *v.* nirt
divide *v.* dalīt, sadalīt
divorce *n.* šķiršanās, laulības šķiršana; *v.* šķirties

do *v.* darīt, izdarīt
doctor *n.* ārsts(-e)
document *n.* dokuments
dog *n.* suns (*conjugates as a –ja noun*)
doll *n.* lelle
donation *n.* ziedojums
done *part.* pabeigts
door *n.* durvis (*fem., always plural*)
dormitory *n.* internāts
doubt *n.* šaubas (*always plural*); *v.* šaubīties
dough *n.* mīkla
down *adv.* lejā
down payment *n.* drošības nauda
draw *v.* zīmēt
dream *n.* sapnis; *v.* sapņot
dress *v.* ģērbt; ģērbties (*to dress oneself*)
drink *n.* dzēriens; *v.* dzert
drive *v.* braukt
drown *v.* slīkt
drugs *n.* zāles (*medicinal*); narkotika (*narcotics*)
drunk *part.* piedzēries(piedzērusies)
dry *adj.* sauss; *v.* žāvēt
dry cleaner *n.* ķīmiskā tīrītava
dumb (*foolish*) *adj.* dumjš, muļķīgs, stulbs
during *prep.* __ laikā, pa __ laiku
dust *n.* putekļi (*usually only plural*)
duty *n.* pienākums; nodoklis, muita (*tax*)

E
each *adj.* katrs
ear *n.* auss (*fem.*)
earlier *adv.* agrāk

early *adj.* agrs
earn *v.* pelnīt
earring *n.* auskars
east *n.* austrumi
easy *adj.* viegls
eat *v.* ēst
echo *n.* atbalss
ecology *n.* ekoloğija
economy *n.* saimniecība, ekonomika, ekonomija
edge *n.* mala
education *n.* izglītība
egg *n.* ola
eight *num.* astoņi
either... or... *conj.* vai nu... vai...
elect *v.* ievēlēt
election *n.* vēlēšanas
electric *adj.* elektrisks
electrician *adj.* elektrotehniķis
electricity *n.* elektrība
elementary school *n.* pamatskola
elevator *n.* lifts, celtnis
elsewhere *adv.* citur
e-mail *n.* e-pasts, elektroniskais pasts
embassy *n.* vēstniecība
emigrant *n.* emigrants(-e)
emigrate *v.* emigrēt, izceļot
emotions *n.* jūtas
employee *n.* darbinieks(darbiniece), strādnieks(strādniece) (*usually blue collar*)
employer *n.* darba devējs(-a)
empty *adj.* tukšs
end *n.* beigas, gals; *v.* beigt, izbeigt, pabeigt, nobeigt
enemy *n.* ienaidnieks, pretinieks
energy *n.* enerğija
engaged (to be married) *part.* saderinājies(saderinājusies)

engagement *n.* saderināšanās (*to be married*); tikšanās (*appointment*)
engine *n.* motors, dzinējs
engineer *n.* inženieris(-e)
enjoy *v.* baudīt
enormous *adj.* milzīgs
enough *adj.* pietiekami; *v.* pietikt (*to have* ~; *dative case + 3rd person* = Man pietiek. *I have enough.*)
ensemble *n.* ansamblis
enter *v.* ieiet
entirely *adv.* pavisam
entrance *n.* ieeja
envelope *n.* aploksne
environment *n.* vide
equal *adj.* vienāds, vienlīdzīgs
equality *n.* vienlīdzība
era *n.* laikmets
erase *v.* izdzēst
error *n.* kļūda
especially *adv.* it sevišķi
estate *n.* muiža
et cetera (etc.) un tā tālāk (u.t.t.)
ethnic *adj.* tautisks; **ethnic group** *n.* tauta, tautība
evaluate *v.* novērtēt
even *adj.* līdzens (*level*), vienmērīgs (*regular*), vienāds; *adv.* pat; **even number** *n.* pārskaitlis
evening *n.* vakars
event *n.* notikums; pasākums, sarīkojums (*social*)
ever *adv.* jebkad, kādreiz
every *adj.* katrs
everybody *pron.* visi
everything *pron.* viss
everywhere *adv.* visur
exam *n.* pārbaudījums; eksāmens, kontroldarbs (*school*)

examination *n.* pārbaude, kontrole
examine *v.* pārbaudīt, apskatīt
example *n.* piemērs
except *prep.* izņemot
exception *n.* izņēmums
excitement *n.* sajūsma
exchange *n.* izmaiņa; *v.* izmainīt
exclude *v.* izslēgt
excuse *n.* attaisnojums;
excuse me *v.* atvainojiet
exercise *n.* vingrinājums; *v.* vingrot
exhibition *n.* izstāde
exit *n.* izeja; *v.* iziet
expect *v.* sagaidīt
expenses *n.* izdevumi
expensive *adj.* dārgs
experience *n.* pieredze (*knowledge*); piedzīvojums (*event*); *v.* piedzīvot
experiment *n.* mēģinājums, eksperiments
explain *v.* izskaidrot
explanation *n.* izskaidrojums, paskaidrojums
explode *v.* sprāgt
explosion *n.* sprādziens
export *n.* eksports; eksportēt
expression *n.* izteiciens
extend *v.* pagarināt (*length, time*)
extra *adj.* lieks
extraordinary *adj.* vienreizējs
extreme *adj.* galējs, ekstrēms
eye *n.* acs (*fem.*)

F

fabric *n.* audums, drēbe
face *n.* seja
factory *n.* fabrika, rūpnīca
failure *n.* neizdošanās

faint *v.* ģībt
fair *adj.* taisnīgs (*equality*), godīgs (*honorable*)
fairy tale *n.* pasaka
faith *n.* ticība
faithful *adj.* uzticīgs
fall *n.* rudens (*autumn*); kritiens (*instance of falling*); *v.* krist, nokrist; uzkrist (*to fall onto*); izkrist (*to fall out*); iemīlēties (*to fall in love*)
familiar *adj.* pazīstams
family *n.* ģimene
famous *adj.* slavens
far *adj.* tāls; **as far as** *prep.* līdz
farm *n.* ferma, saimniecība, lauku sēta
farmer *n.* lauksaimnieks(lauksaimniece), zemnieks(zemniece)
farmstead *n.* sēta, lauku sēta
fashion *n.* mode
fast *adj.* ātrs
fasten *v.* piestiprināt
fat *adj.* resns
father *n.* tēvs, tētis, papus (*dad*)
father-in-law *n.* sievastēvs, vīratēvs
fatherland *n.* tēvzeme
faucet *n.* krāns
favorite *adj.* mīļākais(mīļākā)
fax *n.* fakss; *v.* sūtīt faksu
fear *n.* bailes (*always plural*); *v.* baidīties
feather *n.* spalva
February *n.* februāris
fee *n.* maksa, atalgojums
feed *v.* barot
feel *v.* just, sajust, taustīt; justies (*emotion*)

feeling *n.* sajūta; jūtas (*emotions*)
female *n.* sieviete; *adj.* sieviešu kārtas
fence *n.* sēta
ferry *n.* prāmis
festival *n.* festivāls, svētki
few *adj.* maz; **a few** *n.* daži
field *n.* lauks
fight *n.* cīņa; kautiņš (*brawl*); *v.* cīnīties, kauties
fill *v.* pildīt, piepildīt
film *n.* filma (*movie*); filmiņa (*camera*)
filter *n.* filtrs
finally *adv.* beidzot
find *v.* atrast; uzzināt (*to find out*)
fine *adj.* smalks (*thin, small*); *n.* soda nauda, sods
finish *v.* pabeigt, nobeigt, beigt
finished *part.* pabeigts
fir tree *n.* egle
fire *n.* uguns; *v.* atlaist (*dismiss*)
fire alarm *n.* ugunsgrēka trauksmes signāls
fire extinguisher *n.* uguns dzēšamais aparāts
fireman *n.* ugunsdzēsējs
fireplace *n.* kamīns
firewood *n.* malka
first *adj.* pirmais(pirmā); *adv.* vispirms (*at first, first of all*)
first-aid *n.* pirmā palīdzība
fish *n.* zivs; *v.* makšķerēt, zvejot
fisherman *n.* zvejnieks
fishing rod *n.* makšķere
fit *v.* derēt
five *num.* pieci
fix *v.* salabot, labot

flag *n.* karogs
flame *n.* liesma
flash *n.* zibspuldze (*camera*)
flashlight *n.* kabatas baterija
flat *adj.* plakans
flavor *n.* garša
flavorful *adj.* garšīgs
flax *n.* lini
flea *n.* blusa
flea market *n.* utenis, krāmu tirgus
flight *n.* lidojums
flood *n.* plūdi (*always plural*)
floor *n.* grīda (*what you stand on*); stāvs (*as in "2nd floor"*)
flour *n.* milti (*always plural*)
flow *v.* tecēt
flower *n.* puķe, zieds (*blossom*)
fluently *adv.* tekoši
fly *n.* muša (*insect*); *v.* lidot
fold *v.* locīt, salocīt
folder *n.* mape (*binder*)
folk costume *n.* tautastērps
folk dance *n.* tautasdeja
folk song *n.* tautasdziesma
folklore *n.* folklora
follow *v.* sekot
food *n.* ēdiens, uzturs (*nourishment*)
fool *n.* muļķis
foolish *adj.* muļķīgs
for *prep.* priekš; par (*in favor of, opposite of against*)
for example *prep. phrase* piemēram(piem.)
forbid *v.* aizliegt
forbidden *part.* aizliegts
foreign *adj.* svešs
foreigner *n.* ārzemnieks(ārzemniece)
foresee *v.* paredzēt
forest *n.* mežs

forget *v.* aizmirst
forgive *v.* piedot
fork *n.* dakšiņa
form *n.* anketa, veidlapa
  (*bureaucracy*); forma
  (*shape*); *v.* veidot, izveidot
forward *adv.* uz priekšu
foundation *n.* pamats
  (*support*)
fountain *n.* strūklaka
four *num.* četri
fox *n.* lapsa
fragile *adj.* trausls, plīstošs
frame *n.* rāmis
free *adj.* brīvs (*independent*);
  brīvs, bezmaksas, par velti
  (*cost*); *v.* atbrīvot
freedom *n.* brīvība,
  neatkarība
freeze *v.* salt
frequently *adv.* bieži
fresh *adj.* svaigs
Friday *n.* piektdiena
fried *part.* cepts
friend *n.* draudzene (*fem.*),
  draugs (*masc.*)
friendly *adj.* draudzīgs
from *prep.* no
front *n.* priekša; *prep.* priekšā
  (*in front of*)
fruit *n.* auglis
fry *v.* cept
fuel *n.* degviela; benzīns
  (*gasoline*)
full *adj.* pilns
fun *n.* prieks, jautrība;
  to have fun *v.* priecāties;
  to make fun of *v.* izjokot
fund *n.* fonds
funeral *n.* bēres
funny *adj.* jocīgs; savāds
  (*strange*)
fur *n.* spalva (*on an animal*);
  kažoks (*garment*)

furniture *n.* mēbeles
future *n.* nākotne

G

gain *v.* gūt, iegūt
game *n.* spēle
garage *n.* garāža
garbage *n.* atkritumi
garden *n.* dārzs
garment *n.* apģērbs
gas *n.* gāze, benzīns (*car*)
gas tank *n.* benzīntvertne
  (*car*); gāzes balons
gasoline *n.* degviela, benzīns
gate *n.* vārti (*always plural*);
  izeja (*at the airport*)
gather *v.* savākt, salasīt;
  (sa)pulcēties (*assemble*)
general *adj.* vispārējs
generation *n.* paaudze
gentleman *n.* kungs
geology *n.* ģeoloģija
germ *n.* bacilis
get *v.* dabūt; tikt (*to get
  to/through/in*); **to get
  off/out** izkāpt; **to get in**
  iekāpt; **to get to
  (somewhere)** nokļūt
gift *n.* dāvana
girl *n.* meitene
give *v.* dot (dodu, devu,
  došu), iedot; atdot (*give
  back*); padoties (*to yield,
  surrender*); padot (*hand*);
  dāvināt (*to give a gift*)
glad *adj.* priecīgs
glass *n.* stikls (*material*);
  glāze (*for drinking*)
glasses *n.* brilles
glue *n.* līme; *v.* līmēt
go *v.* iet (eju, gāju, iešu)
  (*by foot*), braukt (*by car
  or plane*)

goal *n.* mērķis
god *n.* dievs; dievība (*generic*)
goddaughter/godson *n.*
  krustmeita/krustdēls
goddess *n.* dieviete
godmother/godfather *n.*
  krustmāte/krusttēvs
gold *n.* zelts
good *adj.* labs; good! *inter.*
  labi!
good-looking *adj.* glīts,
  izskatīgs
goods *n.* preces
government *n.* valdība
govern *v.* valdīt
grade *n.* klase
gradually *adv.* pakāpeniski
graduate *n.* absolvents(-e)
  (*high school*), zinātniskā
  grāda ieguvējs(-a) (*higher
  education*); *v.* beigt skolu
grammar *n.* gramatika
grandchild *n.* mazbērns
granddaughter/grandson *n.*
  mazmeita/mazdēls
grandfather/grandmother
  n. vectēvs/vecāmāte
grandparents *n.* vecvecāki
grass *n.* zāle
grave *n.* kaps
graveyard *n.* kapsēta
great *adj.* lielisks (*wonderful*);
  liels, varens (*large*)
green *adj.* zaļš
greet *v.* sveicināt
greetings *n.* sveicieni
groceries *n.* pārtika
groom *n.* līgavainis, brūtgāns
group *n.* grupa, pulciņš
grow *v.* augt; uzaugt (*to grow
  up*)
grown up *n.* pieaugušais;
  adj. pieaudzis(pieaugusi)
guard *n.* sargs; *v.* sargāt
guess *v.* minēt, uzminēt

guest *n.* viesis, ciemiņš
guilt *n.* vaina
guilty *adj.* vainīgs
gum *n.* košļājamā gumija
  (*chewing ~*, košļene)
gun *n.* šautene, pistole
gynecologist *n.* ginekologs(-e),
  sieviešu ārsts(-e)
Gypsy *n.* čigāns(čigāniete)

H

habit *n.* ieradums
hair *n.* mati
hairbrush *n.* suka, matu suka
hairdresser *n.* frizieris(-e)
hairspray *n.* matu laka
half *n.* puse
hall *n.* gaitenis (*hallway*);
  zāle (*large room*)
hammer *n.* āmurs
hand *n.* roka; *v.* sniegt;
  iesniegt (*hand in*)
handful *n.* sauja
handmade *adj.* rokdarbs (*n.*)
handicapped person,
  invalid *n.* invalīds(-e)
handicraft *n.* rokdarbs
handkerchief *n.* kabatas
  lakats
handle *n.* rokturis
handshake *n.* rokas spiediens
hang *v.* kārt, pakārt
hanger *n.* pakaramais
hangover *n.* paģiras (*always
  plural*)
happen *v.* notikt; gadīties (*by
  chance*)
happiness *n.* prieks
happy *adj.* priecīgs, laimīgs
harbor *n.* osta
hard *adj.* ciets (*texture*);
  grūts (*difficult*)
harm *n.* kaitīgums; *v.* kaitēt
hate *n.* naids; *v.* ienīst

have *v.* būt (*dative case + 3rd person* = Man ir suns. *To me is/belongs a dog.*); **to not have** nav

hazardous *adj.* bīstams

he *pron.* viņš

head *n.* galva

head of household *n.* saimnieks(saimniece)

headquarters *n.* galvenā pārvalde

health *n.* veselība

healthy *adj.* vesels, sveiks (*doing well*)

hear *v.* dzirdēt

heart *n.* sirds (*fem.*)

heat *n.* siltums; apkure (*heating system*); *v.* sildīt

heater *n.* sildītājs

heaven *n.* debess (*fem.*)

heavy *adj.* smags

hedgehog *n.* ezis

helicopter *n.* helikopters

hell *n.* elle

hello! *inter.* labdien! (*day*); labvakar! (*evening*) (*stress on 2nd syllable for both*)

helmet *n.* ķivere

help *n.* palīdzība; *v.* palīdzēt; **help!** *inter.* palīgā!

hem *n.* vīle

hen *n.* vista

here *adv.* šeit, te, šurp

hi! *inter.* sveiki!, čau!

hide *v.* slēpt, paslēpt

high *adj.* augsts; *adv.* augstu

high school *n.* vidusskola

high up *adv.* augšā

highlands *n.* augstiene

highway *n.* šoseja

hill *n.* kalns

hire *v.* algot

historic *adj.* vēsturisks

history *n.* vēsture

hit *v.* sist

hobby *n.* vaļasprieks, brīvā laika nodarbošanās

hold *v.* turēt

hole *n.* caurums; bedre (*pit*)

holiday *n.* svētki, brīvdiena

holy *adj.* svēts

home *n.* mājas, būt mājās (*to be at home*)

homeland *n.* dzimtene, tēvzeme

homesick *adj.* noilgojies(noilgojusies) pēc mājām

homestead *n.* sēta, mājas, lauku sēta

homework *n.* mājas darbi, mājas uzdevums

homosexual *adj.* homoseksuāls(-a); *n.* homseksuālists(-e)

honest *adj.* godīgs

honey *n.* medus

honor *n.* gods, cieņa; *v.* godāt, cienīt

hook *n.* āķis

hope *n.* cerība; *v.* cerēt

horn *n.* rags (*animal*); taure (*musical*)

horse *n.* zirgs

hospital *n.* slimnīca

host *n.* saimnieks(saimniece), namatēvs(namamāte)

hot *adj.* karsts

hotel *n.* viesnīca

hour *n.* stunda

house *n.* māja

how *adv.* kā

how many *adv.* cik

huge *adj.* milzīgs

human *n.* cilvēks

humor *n.* humors

hundred *num.* simts
hungry *part.*
  izsalcis(izsalkusi)
hunt *n.* medības; *v.* medīt
hurry *v.* steigties
hurt *v.* sāpēt; ievainot (*to hurt
  s.th.*); apvainot, aizvainot
  (*to hurt s.o.'s feelings*)
husband *n.* vīrs

I

I *pron.* es
ice *n.* ledus
ID *n.* personas apliecinošs
  dokuments
idea *n.* doma, ideja
identical *adj.* vienāds
identification *n.* identifikācija,
  personal apliecinošs
  dokuments (*ID*)
if *conj.* ja
if only *conj.* kaut, ja tikai
ignore *v.* ignorēt
ill *adj.* slims
illegal *adj.* nelikumīgs, pret
  likumu
imagine *v.* iedomāties
immediately *adv.* tūlīt (*stress
  on 2nd syllable*)
immigrant *n.* imigrants(-e),
  ieceļotājs(-a)
immigrate *v.* imigrēt, ieceļot
impolite *adj.* nepieklājīgs
import *n.* imports; *v.* importēt
important *adj.* svarīgs
impossible *adj.* neiespējams
impression *n.* iespaids
impressive *adj.* iespaidīgs
improve *v.* uzlabot
in *prep.* iekšā
inappropriate *adj.* nepiemērots
include *v.* ieskaitīt
included *part.* ieskaitīts,
  ieskaitot

income *n.* ienākums
incorrect *adj.* nepareizs;
  adv. nepareizi
increase *v.* palielināt,
  paaugstināt
indeed *adv.* patiešām, tiešām
independence *n.* neatkarība,
  brīvība
industrious *adj.* čakls
industry *n.* rūpniecība,
  industrija
inexpensive *adj.* lēts
infected *part.*
  iekaisis(iekaisusi)
information *n.* informācija,
  izziņas
ingredient *n.* sastāvdaļa
inhabitant *n.* iedzīvotājs(-a)
injure *v.* ievainot
injury *n.* ievainojums
ink *n.* tinte
innocent *adj.* nevainīgs
insect *n.* kukainis
inside *adv.* iekšā; *n.* iekšpuse
inspection *n.* pārbaude,
  kontrole
instead *adv.* nevis, __ vietā
instruction *n.* pamācība
instrument *n.* instruments
insult *n.* apvainojums;
  v. apvainot, aizvainot
insurance *n.* apdrošināšana
intelligent *adj.* gudrs
interest *n.* interese;
  v. interesēt (*dative case +
  3rd person = Tev interesē
  vēsture. You are interested
  in history.*); **to be
  interested** interesēties
interesting *adj.* interesants
intermission *n.* starpbrīdis,
  pārtraukums
internal *adj.* iekšējs

international *adj.*
  starptautisks, internacionāls
internet *n.* internets
interpret *v.* tulkot mutiski
  (*translate*); skaidrot
  (*explain*)
intersection *n.* krustojums
interview *n.* intervija
introduce *n.* iepazīstināt
introduction *n.* ievads,
  priekšvārds (*preface*)
investigate *v.* izmeklēt
investment *n.* ieguldījums,
  investīcija
invitation *n.* ielūgums
invite *v.* ielūgt
iron *n.* gludeklis (*for
  clothing*); dzelzs (*metal*)
ironing board *n.*
  gludināmais dēlis
island *n.* sala
it *pron.* tas(tā)
itch *v.* niezēt

J

jail *n.* cietums
January *n.* janvāris
jar *n.* burka
jealous *adj.* greizsirdīgs
Jew *n.* ebrejs(ebrejiete)
jewelry *n.* rotaslietas,
  juvelieru izstrādājumi
job *n.* darbs
join *v.* iestāties (*an
  organization*), pievienoties;
  savienot (*connect*),
  apvienot (*unite*)
joke *n.* joks; *v.* jokoties (*to
  joke around*)
journalist *n.* žurnālists(-e)
journey *n.* ceļojums
joy *n.* prieks
judge *n.* tiesnesis(-e); *v.* vērtēt,
  spriest

juice *n.* sula
July *n.* jūlijs
jump *v.* lēkt
June *n.* junijs
just *adv.* tikko, nupat (*time*);
  vienkārši (*simply*)

K

keep *v.* turēt, paturēt
kettle *n.* katls
key *n.* atslēga (*door*); taustiņš
  (*keyboard*)
kick *v.* spert
kill *v.* nogalināt
kindergarten *n.* bērnudārzs
king *n.* ķēniņš, karalis
kiosk *n.* kiosks
kiss *n.* buča, skūpsts;
  v. bučot, skūpstīt
kitchen *n.* virtuve
Kleenex® *n.* salvete
knife *n.* nazis
knit *v.* adīt
knock *v.* klauvēt, pieklauvēt
knot *n.* mezgls
know *v.* zināt (*to know s.th.*);
  pazīt (*a person*)
know how *v.* mācēt(māku,
  mācēju, mācēšu),
  prast(protu, pratu, pratīšu)
knowledge *n.* zināšanas

L

lace *n.* mežģīnes (*usually
  plural*) (*decorative*); kurpju
  saite (*shoe*)
lack *v.* trūkt (*dative case +
  3rd person* = Man trūkst
  jakas. *I lack a jacket.*)
ladder *n.* kāpnes
lady *n.* dāma
lake *n.* ezers
lamp *n.* lampa
land *n.* zeme

language *n.* valoda
lap *n.* klēpis
laptop *n.* portatīvais dators, pārnēsājamais dators
large *adj.* liels
last *adj.* pēdējais(pēdējā), beidzamais(beidzamā); pagājušais(pagājušā) (*ex., last year*)
late *adj.* vēls
later *adv.* vēlāk
Latvia *n.* Latvija
Latvian *n.* latvietis(-e); *adj.* latvisks
laugh *v.* smieties
laundromat *n.* veļas mazgātava
laundry *n.* veļa
law *n.* likums
lawyer *n.* jurists(-e), advokāts(-e)
layer *n.* kārta
lazy *adj.* slinks
lead *v.* vadīt
leadership *n.* vadība
leaf *n.* lapa
leak *v.* sūkties cauri, tecēt
learn *v.* mācīties, iemācīties
leash *n.* saite
leather *n.* āda
leave *v.* aiziet, iet prom (*by foot*); aizbraukt, braukt prom (*by car, plane, etc.*); atstāt (*to leave s.th.*)
lecture *n.* lekcija
left *adv.* pa kreisi (*direction*); *adj.* kreisais(-ā) (*left hand*)
legal *adj.* likumīgs
lend *v.* aizdot
less *adj.* mazāk
lesson *n.* stunda
let *v.* ļaut (*allow*); laist; ielaist (*let in*); **let know** paziņot

letter *n.* vēstule (*correspondence*); burts (*orthography*)
library *n.* bibliotēka
license *n.* atļauja, tiesības; braukšanas tiesības (*driver's license*)
lid *n.* vāks
lie *n.* meli (*usually plural*); *v.* melot
life *n.* dzīve, mūžs (*as in "my life"*); dzīvība (*as opposed to death*)
lift *v.* celt, pacelt
light *n.* gaisma; *adj.* gaišs (*color*); viegls (*weight*)
light bulb *n.* spuldze
lighter *n.* šķiltavas
like *v.* patikt (*dative case + 3rd person* = Man patīk Ziemassvētki. *I like Christmas.*)
limit *n.* robeža; *v.* ierobežot
linden tree *n.* liepa
line *n.* līnija, svītra; rinda
linen *n.* gultas veļa; lins (*material*)
lining *n.* odere (*clothing*)
link *n.* saite; *v.* savienot
lipstick *n.* lūpu krāsa
liquid *n.* šķidrums; *adj.* šķidrs
list *n.* saraksts
listen *v.* klausīties
literature *n.* literatūra
little bit *n.* mazliet, drusku; **little-by-little** pamazām
Liv *n.* līvs; **Livonian** *adj.* līvu (*of the Livs*)
live *adj.* dzīvs; *v.* dzīvot
living room *n.* dzīvojamā istaba
loaf *n.* klaips, kukulis
loan *n.* aizņēmums (*borrow*), aizdevums (*lend*), kredīts

local *adj.* vietējs

lock *n.* slēdzis; *v.* slēgt, aizslēgt

locker *n.* skapītis, slēdzamais skapītis

lonely *n.* vientuļš

long *adj.* garš (*extent in space*); *adv.* ilgi (*extent in time*)

long ago *adv.* sen

long distance *adj.* tāl- (tālsaruna *long distance phone call*)

look *v.* skatīties; apskatīt (*look at*); meklēt (*to look for*); izskatīties (*to look like*); paskatīties (*to have a look at*)

look out! uzmanies!

loose *adj.* vaļīgs

lose *v.* pazaudēt (*to lose an object*); zaudēt (*game/race*)

lost *part.* pazudis(pazudusi), apmaldījies(apmaldījusies) (*person*); **to get lost** *v.* pazust, apmaldīties

(a) lot *adv.* daudz

lotion *n.* krēms, ziede

loud *adj.* skaļš

love *n.* mīlestība; *v.* mīlēt

low *adj.* zems (*height*), kluss (*volume*); *adv.* zemu

lower *v.* nolaist

luck *n.* laime; nelaime (*bad luck*)

luggage *n.* bagāža

lunch *n.* pusdienas

M

machine *n.* mašīna, aparāts

machinery *n.* tehnika

mad *adj.* dusmīgs (*angry*)

magazine *n.* žurnāls

mail *n.* pasts

mailbox *n.* pastkastīte

main *adj.* galvenais(-ā)

mainly *adv.* galvenokārt

majority *n.* lielākā daļa, vairākums

make *n.* marka (*brand*); *v.* taisīt, gatavot; likt (*to make s.o. do s.th.*)

male *n.* vīrietis; *adj.* vīriešu kārtas

man *n.* vīrietis

management *n.* vadība, administrācija

manager *n.* vadītājs(-a), administrators(-e), menedžeris(-e)

manor house *n.* muiža

manufacture *v.* ražot

many *adj.* daudzi(daudzas)

map *n.* karte

March *n.* marts

market *n.* tirgus

marriage *n.* laulība

marry *v.* precēt, laulāt; precēties, laulāties (*to get married*)

mask *n.* maska

massage *n.* masāža

matches *n.* sērkociņi

material *n.* viela

matter *v.* būt svarīgam; **it doesn't matter** vienalga

mattress *n.* matracis

maximum *n.* maksimums; *adj.* maksimālais(-ā)

may *n.* drīkstēt

May *n.* maijs

maybe *adv.* varbūt

meadow *n.* pļava

meal *n.* maltīte

mean *adj.* nejauks; *v.* nozīmēt

meaning *n.* nozīme

measure *v.* mērīt, izmērīt

meat *n.* gaļa

mechanic *n.* mehāniķis

medicine *n.* zāles, tabletes (*in tablet form*); medicīna (*science*)

meet *v.* satikt; iepazīt, iepazīties (*make acquaintance of*); sanākt kopā (*come together*)

meeting *n.* sanāksme, sēde, sapulce

melt *v.* kust; kausēt (*to melt s.th.*)

member *n.* biedrs(-e), loceklis(-e)

membership card *n.* biedra karte

memory *n.* atmiņa

mend *v.* lāpīt, salāpīt

mention *v.* pieminēt

menu *n.* ēdienkarte

mess *n.* nekārtība

message *n.* ziņa, ziņojums

metal *n.* metāls

middle *n.* vidus

mighty *adj.* varens

mild *adj.* maigs, rāms (*calm*)

military service *n.* karadienests

milk *n.* piens; *v.* slaukt

mill *n.* dzirnavas

minimum *n.* minimums; *adj.* minimāls

minister *n.* mācītājs(-a) (*clergy*); ministrs (*government*)

minute *n.* minūte

minority *n.* mazākums; minoritāte, mazākumtautība (*ethnic*)

mirror *n.* spogulis

Miss *n.* __ jaunkundze

miss *v.* nokavēt (*to fail to do*); pietrūkt (*to regret the absence; dative case + 3ʳᵈ person* = Man pietrūkst mājas. *I miss home.*)

mistake *n.* kļūda; **to be mistaken** *v.* kļūdīties

Mister *n.* __ kungs

misunderstanding *n.* pārpratums

mix *v.* maisīt

mixed *part.* maisīts

mobile phone *n.* mobilais telefons, mobilais

modern *adj.* moderns

modify *v.* mainīt

moist *adj.* mitrs

moisture *n.* mitrums

mold *n.* pelējums

moldy *adj.* appelējis(appelējusi)

moment *n.* mirklis, brīdis

Monday *n.* pirmdiena

money *n.* nauda

monk *n.* mūks

month *n.* mēnesis

monument *n.* piemineklis

mood *n.* oma, garastāvoklis

moon *n.* mēness

more *adj.* vairāk, vēl

morning *n.* rīts

mosquito *n.* ods

most *n.* vairums

mother *n.* māte; mamma (*mom*)

mother-in-law *n.* sievasmāte (*wife's mother*), vīramāte (*husband's mother*)

motor *n.* motors, dzinējs

motorcycle *n.* motocikls

mountain *n.* kalns

mourn *v.* sērot

mouse *n.* pele

mouth *n.* mute

move *v.* kustināt, pakustināt (*to move s.th.*); kustēties (*to move oneself*); pārcelties (*to move to a new residence*); aizkustināt (*emotion*)

movie *n.* filma, kinofilma
Mr. *n.* __ kungs
Mrs. *n.* __ kundze
much *adj.* daudzi(daudzas);
   adv. daudz
mud *n.* dubļi (*always plural*)
murder *n.* slepkavība;
   v. noslepkavot
museum *n.* muzejs
mushroom *n.* sēne
music *n.* mūzika
musician *n.* mūzikants(-e),
   mūziķis(-e)
must *v.* vajadzēt (*dative case*
   + 3rd person = Tev vajag
   let. You must go.)
mustache *n.* ūsas (*always*
   plural)
mute *adj.* mēms

N

nail *n.* nags (*anatomy*); nagla
   (*construction*)
naked *adj.* pliks, kails
name *n.* vārds (*person*);
   nosaukums (*thing*)
narrow *adj.* šaurs
nation *n.* valsts (*fem.*), zeme
nationality *n.* tautība, tauta
natural *adj.* dabīgs, dabisks
nature *n.* daba
nausea *n.* nelaba dūša
near *adv.* tuvu
nearly *adv.* gandrīz
neat *adj.* kārtīgs
necessary *adj.* vajadzīgs
necklace *n.* krelles
need *v.* vajadzēt (*dative case*
   + 3rd person = Man vajag
   ēst. *I need to eat.*)
needle *n.* adata
neighbor *n.*
   kaimiņš(kaimiņiene)
neither... nor... ne... ne...

nephew *n.* brāļadēls
   (*brother's son*), māsasdēls
   (*sister's son*)
nervous *adj.* nervozs
nest *n.* ligzda
net *n.* tīkls
neutral *adj.* neitrāls
never *adv.* nekad (*stress on*
   2nd syllable)
nevertheless *conj.* tomēr
new *adj.* jauns
news *n.* ziņas
newspaper *n.* avīze,
   laikraksts
newsstand *n.* kiosks
next *adj.* nākošais(-ā); **next**
   to *prep.* blakus, pie
nice *adj.* jauks, patīkams,
   simpātisks
nickname *n.* iesauka, niks
niece *n.* brāļameita (*brother's*
   daughter), māsasmeita
   (*sister's daughter*)
night *n.* nakts
nightmare *n.* murgs
nine *num.* deviņi
no *adj.* neviens(-a) (*stress on*
   2nd syllable); *adv.* nē
   (*opposite of yes*)
no one/nobody *n.* neviens(-a)
   (*stress on 2nd syllable*)
noise *n.* troksnis
noisy *adj.* trokšņains, skaļš
   (*loud*)
none *pron.* neviens(-a) (*stress*
   on 2nd syllable)
normal *adj.* parasts
north *n.* ziemeļi
nose *n.* deguns
not *adv.* ne, ne-
not be able *v.* nevarēt
notebook *n.* klade;
   portatīvais dators
   (*computer*)

nothing *n.* nekas (*stress on 2nd syllable*)
notice *n.* ziņojums, paziņojums; *v.* ievērot
notify *v.* paziņot
noun *n.* lietvārds
novel *n.* romāns
November *n.* novembris
now *adv.* tagad; **now and then** šad un tad, laiku pa laikam
nowhere *adv.* nekur (*stress on 2nd syllable*)
number *n.* numurs; skaitlis (*mathematical*)
nun *n.* mūķene
nurse *n.* medmāsa
nursery school *n.* bērnudārzs

O

oak tree *n.* ozols
oats *n.* auzas
obey *v.* klausīt, paklausīt
object *n.* priekšmets; *v.* iebilst
observation *n.* novērojums
observe *v.* novērot
obtain *v.* dabūt, gūt, iegūt
obvious *adj.* acīmredzams, skaidrs
occasion *n.* gadījums
occasionally *adv.* kādreiz
occupation *n.* nodarbošanās, profesija (*profession*); okupācija (*possession*)
occur *v.* notikt
ocean *n.* okeāns
o'clock *adv.* pulksten (pulksten piecos *at five*)
October *n.* oktobris
odd *adj.* savāds; **odd number** *n.* nepārskaitlis
odor *n.* smarža; smaka (*stench*)

of *prep.* no
of course *adv.* protams, saprotams
off *adv.* nost
offend *v.* apvainot
offer *n.* piedāvājums; *v.* piedāvāt
office *n.* birojs, kantoris, kanceleja
official *adj.* oficiāls
often *adv.* bieži, daudzreiz
oil *n.* eļļa, nafta (*petroleum*)
OK *inter.* labi!
old *adj.* vecs
omit *v.* izlaist
on *prep.* uz; *adv.* virsū
one *num.* viens
one-of-a-kind *adj.* vienreizējs
one-way *adj.* vienvirziena iela (*one-way street*)
onion *n.* sīpols
only *adj.* vienīgais(-ā); *adv.* tikai, vienīgi
open *adj.* atvērts; *adv.* vaļā; *v.* atvērt, attaisīt
opening *n.* atklāšana
opinion *n.* uzskats, domas
opportunity *n.* iespēja, izdevība
oppose *v.* pretoties, iebilst
opposite *adj.* pretējs; *adv.* pretī, iepretī
option *n.* izvēle
or *conj.* vai
orchestra *n.* orķestris
order *n.* kārtība (*arrangement*); pasūtījums (*reservation*); rīkojums (*decree, regulation*); *v.* pasūtīt (*to reserve*)
ordinary *adj.* parasts
organization *n.* organizācija
organize *v.* rīkot, organizēt
otherwise *adv.* citādi, savādāk

out *adv.* ārā; izgājis(izgājusi)
  (*has gone out*)
outside *adv.* ārā
oven *n.* krāsns (*fem.*)
over *prep.* pāri, pār; virs
owe *v.* būt parādā
own *adj.* savs; *v.* piederēt
  (*dative case* + *3rd person* =
  Man pieder... *I own...*)
owner *n.* īpašnieks(īpašniece)

P

pack *v.* pakot, saiņot
package *n.* paka, sainis
page *n.* lapa
pail *n.* spainis
pain *n.* sāpe
paint *n.* krāsa; *v.* gleznot
  (*artist*), krāsot
painting *n.* glezna (*art*)
pair *n.* pāris
pale *adj.* bāls
pan *n.* panna
paper *n.* papīrs
paragraph *n.* rindkopa
parcel *n.* paka, sainis
pardon me atvainojiet
parents *n.* vecāki
park *n.* parks; *v.* novietot
  mašīnu
parking lot *n.* stāvvieta,
  autostāvvieta
Parliament *n.* Saeima
part *n.* daļa (*piece*); loma
  (*ex., theater*); celiņš
  (*hair*); *v.* šķirties (*separate,
  leave*)
participant *n.*
  dalībnieks(dalībniece)
particular *adj.* sevišķs, īpašs
partner *n.* partneris(-e)
party *n.* balle, tusiņš (*slang*),
  viesības (*social event*);
  partija (*political*)

pass *n.* caurlaide (*permit*)
passenger *n.* pasažieris
passport *n.* pase
past *n.* pagātne
path *n.* taka, taciņa
patient *n.* pacients(-e);
  adj. pacietīgs
pay *v.* maksāt, samaksāt
payment *n.* maksājums;
  iemaksa (*deposit*)
peace *n.* miers
peculiar *adj.* īpatnējs
pedestrian *n.* gājējs
pediatrician *n.* bērnu ārsts(-e)
peel *n.* miza; *v.* mizot
pen *n.* spalva, rakstāmspalva
penalty *n.* sods
pencil *n.* zīmulis
people *n.* cilvēki, ļaudis
percent *n.* procents
performance *n.* izrāde
perfume *n.* smarža, odekolons
perhaps *adv.* varbūt
period *n.* punkts
  (*punctuation*); laikmets (*era*);
  mēnešreize (*menstrual*)
permission *n.* atļauja
permit *n.* atļauja
permitted *part.* atļauts
person *n.* cilvēks
persuade *v.* pierunāt
pet *n.* mājdzīvnieks
pharmacy *n.* aptieka
photograph *n.* fotogrāfija,
  bilde; *v.* fotografēt
photographer *n.* fotogrāfs(-e)
phrase *n.* frāze, izteiciens
  (*expression*)
physician *n.* ārsts(-e)
physics *n.* fizika
piano *n.* klavieres
pick up *v.* pacelt (*lift*)
picture *n.* bilde

piece *n.* gabals, daļa

pig *n.* cūka

pile *n.* kaudze

pillow *n.* spilvens

pin *n.* sakta (*decorative*); adata (*sewing*)

pinch *v.* kniebt

pine tree *n.* priede

pipe *n.* pīpe (*smoking*); caurule, rore (*construction*)

pistol *n.* pistole

pit *n.* bedre (*hole*); kauliņš (*fruit*)

pitcher *n.* kauss

place *n.* vieta

plain *adj.* vienkāršs

plan *n.* plāns, projekts

plant *n.* stāds; *v.* stādīt

plastic *n.* plastmasa, plastika

plate *n.* šķīvis

play *n.* luga (*theater*); *v.* spēlēt (*to play s.th.*), spēlēties (*reflexive*)

playground *n.* spēļu laukums

pleasant *adj.* jauks, patīkams

please *inter.* lūdzu

pleasure *n.* prieks

plumber *n.* santehniķis

pocket *n.* kabata

poem *n.* dzejolis

poet *n.* dzejnieks(dzejniece)

poetry *n.* dzeja

point *v.* rādīt (*show*)

poison *n.* inde

poisonous *adj.* indīgs

police *n.* policija

policeman *n.* policists

policy *n.* polise (*ex., insurance*)

polite *adj.* pieklājīgs

politics *n.* politika

polluted *part.* piesārņots

pond *n.* dīķis

poor *n.* nabags; *adj.* nabadzīgs

population *n.* iedzīvotāji

port *n.* osta

portable *adj.* portatīvs, pārnēsājams

possible *adj.* iespējams

possibility *n.* iespēja

post office *n.* pasts, pasta nodaļa

postcard *n.* pastkartīte, atklātne

postpone *v.* atcelt

pot *n.* katls, pods

potato *n.* kartupelis

pottery *n.* keramika, māla trauki

pour *v.* liet; izliet (*to pour out*)

powder *n.* pulveris, pūderis

power *n.* spēks, vara

practice *n.* prakse (*profession*); treniņš (*sports*); *v.* trenēties, vingrināties (*sports or a skill*)

pray *v.* lūgt

prayer *n.* lūgšana

pregnancy *n.* grūtniecība

pregnant *adj.* būt stāvoklī (*to be pregnant*)

prepare *v.* gatavot, sagatavot

presence *n.* klātbūtne

present *n.* tagadne (*time*); dāvana (*gift*)

president *n.* prezidents(-e); priekšnieks(priekšniece) (*of an organization*)

press *n.* prese; *v.* spiest (*push*); gludināt (*iron*)

pretend *v.* izlikties

pretty *adj.* smuks

previous *adj.* iepriekšējais(-ā)

price *n.* cena, maksa

pride *n.* lepnums

priest *n.* priesteris

prime minister *n.* ministru
  prezidents, premjerministrs
print *v.* printēt, drukāt
printer *n.* printeris
prison *n.* cietums
private *adj.* privāts
prize *n.* balva
probably *adv.* droši vien,
  laikam
problem *n.* problēma
produce *n.* produkti; *v.* ražot
product *n.* produkts, ražojums
profession *n.* profesija, amats
  (*trade*)
professor *n.* profesors
profit *n.* peļņa
prohibit *v.* aizliegt
project *n.* projekts
promise *n.* solījums; *v.* solīt
pronounce *v.* izrunāt
pronunciation *n.* izruna
proof *n.* pierādījums
property *n.* īpašums
propose *v.* ierosināt
protect *v.* sargāt
protest *n.* protests; *v.* protestēt
proud *adj.* lepns
pub *n.* krogs
public *adj.* sabiedrisks,
  publisks
publication *n.* izdevums,
  publikācija (*ex., journal*)
publish *v.* izdot, publicēt
publisher *n.* izdevniecība,
  izdevējs
puddle *n.* peļķe
pull *v.* vilkt
pump *n.* sūknis
pupil *n.* skolnieks(skolniece)
pure *adj.* tīrs
purpose *n.* nolūks; **on
  purpose** tīšām
purse *n.* soma, somiņa

push *v.* stumt, grūst, spiest
put *v.* likt; izlikt (*to put out,
  to display*); nolikt (*to put
  down/away*)

Q

quality *n.* īpašība (*feature*);
  kvalitāte
quantity *n.* daudzums,
  kvantitāte
queen *n.* ķēniņiene, karaliene
question *n.* jautājums
questionnaire *n.* veidlapa,
  aptauja
quick *adj.* ātrs
quickly *adv.* ātri
quiet *adj.* kluss, rāms (*calm*)
quit *v.* beigt

R

rabbit *n.* trusis, zaķis (*wild,
  hare*)
race *n.* sacīkste (*competition*)
radio *n.* radio
railway *n.* dzelzceļš
rain *n.* lietus
rape *n.* izvarošana; *v.* izvarot
rare *adj.* rets (*unique*)
rat *n.* žurka
rate *n.* likme, kurss (*money
  exchange*); ātrums (*speed*)
rather *adv.* drīzāk, labāk
raw *adj.* svaigs, nevārīts
razorblade *n.* žilete
read *v.* lasīt, izlasīt
ready *adj.* gatavs; **to get
  ready** *v.* sagatavoties
real *adj.* īsts, patiess
real estate *n.* nekustamais
  īpašums
really *adv.* ļoti (*very*); tiešām,
  patiešām (*indeed*)
reason *n.* iemesls

receipt *n.* kvīts (*fem.*)
receive *v.* saņemt, dabūt
recent *adj.* nesens
recently *adv.* nesen
reception *n.* pieņemšana
  (*social function*)
recipe *n.* recepte
recognize *v.* pazīt
recommend *v.* ieteikt
recycle *v.* pārstrādāt
red *adj.* sarkans
reduce *v.* samazināt
reference *n.* atsauksme
  (*recommendation*)
refreshments *n.*
  atspirdzinājumi, uzkožamie
refrigerator *n.* ledusskapis
refugee *n.* bēglis
refuse *v.* atteikt, noraidīt
region *n.* novads, apgabals,
  rajons
register *v.* reģistrēt,
  pierakstīties
registration *n.* reģistrācija
regret *v.* nožēlot; **to my**
  regret par nožēlu
regular *adj.* regulārs
regulation *n.* rīkojums
rehearsal *n.* mēģinājums
relationship *n.* attiecība
relative (*family*) *n.*
  radinieks(radiniece), rads
relax *v.* atpūsties
relaxation *n.* atpūta
reliable *adj.* uzticams, uzticīgs
religion *n.* reliģija, ticība
  (*faith*)
rely *v.* paļauties
remain *v.* palikt
remember *v.* atcerēties
remembrance *n.* atcere;
  piemiņa
remind *v.* atgādināt

remove *v.* noņemt
renew *v.* atjaunot
rent *n.* īre; *v.* nomāt, īrēt;
  izīrēt (*to rent to s.o.*)
rental *n.* noma, īre
repair *n.* remonts; *v.* salabot,
  remontēt
repeat *v.* atkārtot
reply *n.* atbilde; *v.* atbildēt
report *v.* ziņot
represent *v.* pārstāvēt
representative *n.* pārstāvis;
  deputāts (*in Parliament*)
republic *n.* republika
republican *n.* republikānis
request *n.* lūgums,
  pieprasījums; *v.* pieprasīt,
  lūgt
require *v.* pieprasīt
requirement *n.* prasība
rescue *v.* glābt, izglābt
research *n.* pētniecība;
  v. pētīt
reservation *n.* rezervācija
reserve *v.* aizrunāt, rezervēt
resist *v.* pretoties
respect *n.* cieņa; *v.* cienīt
responsibility *n.* atbildība
responsible *adj.* atbildīgs
rest *n.* atpūta (*ceased*
  activity); atlikums (*left*
  over); *v.* atpūsties
restaurant *n.* restorāns
restore *v.* atjaunot, restaurēt
restrict *v.* ierobežot
restroom *n.* tualete
retired person *n.*
  pensionārs(-e)
retirement *n.* pensija; **retire**
  v. aiziet pensijā
return *v.* atgriezties
rich *adj.* bagāts
riddle *n.* mīkla
ride *v.* jāt (*horse*)

right *adv.* pareizi (*correct*);
pa labi (*direction*); *n.* tiesības
(*legal*)
ring *n.* gredzens; *v.* zvanīt
rinse *v.* skalot
risk *n.* risks
river *n.* upe
road *n.* ceļš
rob *v.* aplaupīt
rock *n.* akmens; klints (*cliff*)
roof *n.* jumts
room *n.* istaba (*in a building*);
vieta, telpa (*space*)
roommate *n.* istabas
biedrs(biedrene)
rooster *n.* gailis
root *n.* sakne
rope *n.* virve
rotten *part.* sapuvis(sapuvusi)
(*decay*)
rough *adj.* rupjš
round *adj.* apaļš
round-trip *adj.* turp un
atpakaļ (*ticket*)
row *v.* airēt
rubber *n.* gumija (*material*)
rude *adj.* nepieklājīgs
rug *n.* paklājs, tepiķis
ruin *v.* izpostīt, sagraut
ruins *n.* drupas
rule *n.* noteikums, likums;
v. valdīt
rumor *n.* baumas (*always
plural*)
run *v.* skriet (*move rapidly*);
vadīt (*to lead*); aizbēgt (*to
run away*)
rural area *n.* lauki (*always
plural*)
rust *n.* rūsa; *v.* rūsēt
rye *n.* rudzi (*always plural*)

S

sack *n.* maiss
sacred *adj.* svēts

sad *adj.* bēdīgs, skumīgs,
skumjš
saddle *n.* segli
safe *adj.* drošs
safety *n.* drošība
salary *n.* alga
sale *n.* izpārdošana
salt *n.* sāls (*fem.*)
salty *adj.* sāļš
same *adj.* vienāds, tāds pats
(tāda pati)
sample *n.* paraugs
sand *n.* smiltis (*fem., usually
plural*)
sanitary pad *n.* higiēniskā
pakete
satisfactory *adj.* apmierinošs
satisfied *part.* apmierināts
satisfy *v.* apmierināt
Saturday *n.* sestdiena
sauna *n.* somu pirts (*fem.*),
sauna
save *v.* glābt, izglābt (*rescue*);
taupīt (*to keep, to reduce
waste*); saglabāt (*computer*)
saw *n.* zāģis
say *v.* sacīt; teikt
scale *n.* svari (*always plural*)
(*weight*)
scan *v.* skenēt
scanner *n.* skeneris
scare *v.* baidīt
scent *n.* smarža
schedule *n.* saraksts, dienas
plāns
school *n.* skola
science *n.* zinātne
scientific *adj.* zinātnisks
scissors *n.* šķēres
scratch *v.* kasīt (*an itch*);
skrāpēt (*scrape, wound*)
screen *n.* ekrāns (*film*)
screw *n.* skrūve; *v.* skrūvēt,
piegriezt

screwdriver *n.* skrūvgriezis
sculpture *n.* skulptūra
sea *n.* jūra
seal *n.* zīmogs (*stamp*)
seam *n.* vīle, šuve
search *n.* meklēšana;
  v. meklēt
season *n.* gadalaiks (*ex.,*
  winter, spring); sezona (*ex.,*
  theater)
seat *n.* sēdvieta, vieta;
  sēdeklis (*in car*)
secret *n.* noslēpums;
  adj. slepens
secretary *n.* sekretāre, biroja
  administratore (*office*)
security *n.* drošība
see *v.* redzēt
seed *n.* sēkla
seem *v.* likties, izlikties, šķist
  (*dative case + 3ʳᵈ person =*
  Man liekas/Man šķiet. *It*
  seems to me.)
seldom *adv.* reti
selection *n.* izvēle
self *n.* pats(pati)
sell *v.* pārdot
seller *n.* pārdevējs
send *v.* sūtīt
senior citizen *n.* pensionārs(-e)
sensitive *adj.* jūtīgs
sentence *n.* teikums
  (*language*); spriedums
  (*law*)
separate *adj.* atsevišķs;
  v. dalīt, sadalīt
September *n.* septembris
series *n.* sērija
serious *adj.* nopietns
service *n.* pakalpojums;
  dienests (*duty, as in military*)
set *v.* klāt (*bed, table*); noteikt
  (*assign*); uzstādīt (*to set up*)
seven *num.* septiņi

several *adj.* vairāki
sew *v.* šūt
sex *n.* dzimums
  (*classification*); sekss
shade *n.* ēna
shadow *n.* ēna
shake *v.* kratīt; **shake hands**
  v. dot roku
shallow *adj.* sekls
shame *n.* kauns;
  inter. kaunies (*shame on you*)
shampoo *n.* šampūns
shape *n.* forma; *v.* veidot
share *v.* dalīt
shave *v.* skūties (*shave*
  oneself); skūt
she *pron.* viņa
sheep *n.* aita
sheet *n.* palags (*bed*); lapa
  (*paper*)
shelf *n.* plaukts
shell *n.* čaula (*covering*);
  gliemežvāks (*seaside*)
shepherd *n.* gans, ganiņš
shine *v.* spīdēt
ship *n.* kuģis
shoe *n.* kurpe
shoelace *n.* kurpju saite
shoot *v.* šaut
shop *n.* veikals; darbnīca
  (*workshop*); *v.* iepirkties
shore *n.* krasts
short *adj.* īss
shout *v.* kliegt
shovel *n.* lāpsta
show *n.* izrāde, raidījums
  (*TV*); *v.* parādīt, rādīt
shower *n.* duša; *v.* iet dušā
shrub *n.* krūms
shut *adv.* ciet; *v.* aizvērt,
  aiztaisīt
shy *adj.* kautrīgs
sick *adj.* slims
side *n.* puse, mala

sidewalk *n.* ietve, trotuārs
sign *n.* zīme
signature *n.* paraksts
silence *n.* klusums
silent *adj.* kluss
silk *n.* zīds
silver *n.* sudrabs
similar *adj.* līdzīgs
simple *adj.* vienkāršs
simply *adv.* vienkārši, tikai
since *prep.* kopš (*time*);
conj. jo (*because*)
sing *v.* dziedāt
single *adj.*
neprecējies(neprecējusies)
(*unmarried*); vienvietīgs
(*bed*)
sink *n.* izlietne; *v.* grimt
sister *n.* māsa
sister-in-law *n.* svaine
sit *v.* sēdēt
six *num.* seši
size *n.* lielums
skate *n.* slida; *v.* slidot
ski *n.* slēpe; *v.* slēpot
skillet *n.* panna
skin *n.* āda
sky *n.* debess (*fem.*)
sleep *v.* gulēt
sleeping bag *n.* guļammaiss
slender *adj.* slaids
slice *n.* šķēle
slide *n.* diapozitīvs (*photo*);
v. slīdēt; slidināties (*down
a hill*)
slim *adj.* slaids
slip *v.* paslīdēt
slipper *n.* čība
slippery *adj.* slidens
slow *adj.* lēns
slowly *adv.* lēnām, lēni
small *adj.* mazs
smart *adj.* gudrs

smell *v.* ost, ostīt; smaržot
(*pleasantly*); smirdēt (*badly*)
smile *v.* smaidīt
smoke *n.* dūmi; *v.* smēķēt,
pīpēt
smooth *adj.* gluds
snake *n.* čūska
sneeze *v.* šķaudīties
snore *v.* krākt
snow *n.* sniegs
so *adv.* tik (*emphasis*); tātad
(*consequently*)
so that *conj.* lai
soak *v.* mērcēt
soap *n.* ziepes (*always plural*)
social *adj.* sabiedrisks
society *n.* biedrība
(*association*)
sofa *n.* dīvāns
soft *n.* mīksts (*texture*); kluss
(*volume*)
soil *n.* zeme
soldier *n.* karavīrs
some *adj.* daži(dažas)
somehow *adv.* kaut kā
some kind *pron.* kaut kāds(-a)
someone *pron.* kāds(kāda);
someone else cits(cita)
something *pron.* kaut kas/ko
sometimes *adv.* kādreiz,
dažreiz
somewhere *adv.* kaut kur
son *n.* dēls
son-in-law *n.* znots
song *n.* dziesma
soon *adv.* drīz
sorry *adj.* būt žēl (*to have
pity*) (Man ir žēl. *What a
pity/I'm sorry.*); **I'm sorry,
pardon me** atvainojiet
sound *n.* skaņa; *v.* izklausīties
soup *n.* zupa
sour *adj.* skābs

south *n.* dienvidi

souvenir *n.* piemiņa, suvenīrs

Soviet *adj.* padomju

space *n.* telpa (*room*); vieta (*place*); platība (*area*)

spare *adj.* lieks

sparkle *v.* mirdzēt

speak *v.* runāt

special *adj.* sevišķs, īpašs

spectator *n.* skatītājs(-a)

speech *n.* runa

speed *n.* ātrums

spell *v.* izburtot (*a word*)

spend *v.* izdot (*money*); pavadīt (*time*)

spider *n.* zirneklis

spill *v.* izlīt, izliet

spit *v.* spļaut

spoil *v.* bojāt

spoon *n.* karote

sport *n.* sports

spot *n.* plankums (*small mark*), traips (*stain*); vieta (*place*)

spring *n.* pavasaris (*season*); avots (*water*); atspere (*mechanical*)

spruce tree *n.* egle

square *n.* četrstūris, kvadrāts (*geometry*) (kvadrātmetri *square meters*); laukums (*town*)

stage *n.* skatuve (*theater*)

stain *n.* traips

stairs *n.* kāpnes, trepes

stamp *n.* zīmogs; pastmarka (*postage*)

stand *v.* stāvēt; (pa)ciest (*to bear s.th., to stand s.th.*) (Es nevaru to (pa)ciest. *I can't stand that.*)

staple *n.* kniede; *v.* kniedēt

star *n.* zvaigzne

start *v.* sākt

state *n.* valsts (*fem.*) (*nation*); pavalsts (*fem.*), štats (*ex., Minnesota*); stāvoklis (*condition*)

station *n.* stacija

statue *n.* statuja

stay *v.* palikt

steal *v.* zagt

steam *n.* tvaiks

steel *n.* tērauds

steering wheel *n.* stūre

step on *v.* uzkāpt; **step in** iekāpt

stepfather/stepmother *n.* patēvs/pamāte

stepson/stepdaughter *n.* padēls/pameita

stick *v.* lipt

still *adv.* vēl; *conj.* tomēr (*nevertheless*)

sting *v.* dzelt, iedzelt (*ex., a bee*)

stink *n.* smaka; *v.* smirdēt

stitch *n.* šuve (*medical*)

stock *n.* krājums (*inventory*); akcija (*stock market*)

stone *n.* akmens

stool *n.* ķeblis

stop *n.* pietura (*bus, train*); *v.* apstādināt, (iz)beigt (*finish*); apstāties (*reflexive*); pieturēties (*bus, train*); beidz! (*inter.*)

storage room *n.* warehouse

store *n.* veikals

stork *n.* stārķis

storm *n.* vētra, negaiss (*thunderstorm*)

story *n.* stāsts, pasaka (*fairy tale*); stāvs (*building*)

stove *n.* plīts (*fem.*)

straight *adj.* taisns; tiešs (*direct*)

strange *adj.* savāds, dīvains, svešs

stream *n.* strauts, strautiņš; upīte (*river*)

street *n.* iela

streetcar *n.* tramvajs

strength *n.* spēks

stress *n.* stress (*distress*); uzsvars (*emphasis*); *v.* uzsvērt

stretch *v.* stiept

string *n.* aukla; stīga (*musical*)

stroll *n.* pastaiga; *v.* pastaigāt

stroller *n.* bērnu ratiņi

strong *adj.* stiprs

student *n.* skolnieks(skolniece) (*pupil*), students(-e) (*in college*)

studies *n.* studijas

study *v.* mācīties (*ex., prepare for exam*); studēt (*attend university*)

stupid *adj.* stulbs, dumjš, muļķīgs

subject *n.* temats (*topic*)

subscribe *v.* abonēt

subscription *n.* abonements

suburb *n.* priekšpilsēta

success *n.* panākums, izdošanās

suddenly *adv.* pēkšņi, uzreiz

sue *v.* sūdzēt tiesā

suffer *v.* ciest

sugar *n.* cukurs

suggest *v.* ieteikt, ierosināt (*propose*)

suicide *n.* pašnāvība

suitcase *n.* koferis, ceļa soma

sum *n.* summa

summary *n.* kopsavilkums, pārskats

summer *n.* vasara

sun *n.* saule

sunburn *n.* iedegums

Sunday *n.* svētdiena

sunglasses *n.* saules brilles

sunrise *n.* saullēkts

sunset *n.* saulriets

suntan *n.* iedegums

support *n.* atbalsts; *v.* atbalstīt

sure (of) *adj.* drošs

surname *n.* uzvārds

surprise *n.* pārsteigums; *v.* pārsteigt

surveyor *n.* mērnieks

suspicious *adj.* aizdomīgs

swallow *v.* rīt

swamp *n.* purvs

sweat *n.* sviedri (*always plural*)

sweet *adj.* salds

swim *v.* peldēt

swimming pool *n.* peldbaseins

swing *n.* šūpoles; *v.* šūpot (*to swing s.o. or s.th.*); šūpoties

sympathy *n.* līdzjūtība

T

table *n.* galds

tablecloth *n.* galdauts

tail *n.* aste

take *v.* ņemt, paņemt; vest; atņemt (*take away*); pārņemt (*take over*)

talk *v.* runāt; parunāt (*to talk with s.o.*)

tall *adj.* garš

tampon *n.* tampons

tap *n.* krāns (*sink*)

tape *n.* līmlente (*masking tape*), skočs (*Scotch tape*)

target *n.* mērķis

task *n.* uzdevums

taste *n.* garša; gaume (*aesthetics*); *v.* garšot (*also, to taste well*), nogaršot

tasty *adj.* garšīgs

tavern *n.* krogs

tax *n.* nodoklis

taxi *n.* taksometrs
tea *n.* tēja
teach *v.* mācīt
teacher *n.* skolotājs(-a)
team *n.* komanda
tear *n.* asara (*eye*); *v.* plēst
  (*to rip s.th.*); plīst (*to be
  ripped*)
technical *adj.* tehnisks
technique *n.* tehnika
technology *n.* tehnoloģija
teenager *n.* pusaudzis(-e)
telephone *n.* tālrunis,
  telefons
television *n.* televizors
tell *v.* teikt, pateikt (*say*);
  stāstīt (*a story*)
temperature *n.* temperatūra
temporary *adj.* pagaidu
tender *adj.* maigs; vārīgs
  (*fragile*)
ten *num.* desmit
tent *n.* telts
terrible *adj.* šausmīgs
test *n.* pārbaudījums,
  eksāmens (*school*),
  kontroldarbs, pārbaude;
  v. pārbaudīt, izmēģināt
text *n.* teksts
than *conj.* nekā, par
thank *v.* pateikties
thank you *inter.* paldies
  (*stress on the 2nd syllable*)
that *adj./pron.* tas (tā);
  conj. ka
theater *n.* teātris
theft *n.* zādzība
then *adv.* tad
theory *n.* teorija
there *adv.* tur
therefore *adv.* tādēļ, tāpēc
they *pron.* viņi(viņas)
thick *adj.* biezs

thief *n.* zaglis
thin *adj.* tievs (*usually a
  person or animal*), plāns
  (*usually an object*)
thing *n.* lieta, priekšmets
think *v.* domāt
(be) thirsty *v.* slāpt (*dative
  case + 3rd person* = Man
  slāpst. *I am thirsty.*); *adj.*
  izslāpis(izslāpusi)
this *adj./pron.* šis(šī)
thorough *adj.* pamatīgs
thought *n.* doma
thousand *n.* tūkstotis
thread *n.* diegs
threat *n.* drauds; *v.* draudēt
three *num.* trīs
through *prep.* caur; *adv.* cauri
throw *v.* sviest, mest; mest
  prom (*throw away*)
thunderstorm *n.* negaiss
Thursday *n.* ceturtdiena
thus *adv.* tā
ticket *n.* biļete
ticket office *n.* kase
tide *n.* paisums (*high tide*);
  bēgums (*low tide*)
tie *v.* siet, sasiet
tight *adj.* šaurs, ciešs
time *n.* laiks; pulkstenis (*as
  in "what time is it?"*); reize
  (*as in "two times"*)
tiny *adj.* sīks
tip *n.* dzeramnauda
  (*restaurant*); gals (*tip of the
  iceberg*)
tipsy *adj.* iereibis(iereibusi)
tire *n.* riepa; *v.* nogurt
tired *part.* noguris (nogurusi);
  become tired *v.* nogurt
tissue *n.* salvete (*Kleenex*®)
title *n.* virsraksts
to *prep.* uz, līdz

tobacco *n.* tabaka
today *adv.* šodien
together *adv.* kopā
toilet *n.* ateja, tualete
tomato *n.* tomāts
tomb *n.* kaps, kapa piemineklis
tomorrow *adv.* rīt
too *adv.* arī (*also*); pa, pārāk (*excess*) (**too much** pa daudz)
tool *n.* darbarīks
tooth *n.* zobs
toothbrush *n.* zobu birste, zobu suka
toothpaste *n.* zobu pasta
top *n.* augša; *v.* pārklāt
topic *n.* temats
total *n.* summa
touch *v.* aiztikt, taustīt, sajust (*to feel*), pieskarties
tourism *n.* tūrisms
tourist *n.* tūrists
towards *prep.* pretī
towel *n.* dvielis
tower *n.* tornis
town *n.* pilsēta
township *n.* pagasts, pilsētas pārvaldes rajons
toy *n.* rotaļlieta
trade *n.* tirdzniecība (*commerce*); amats (*profession*); *v.* tirgot (*business*); izmainīt (*exchange*)
tradition *n.* tradīcija
traffic *n.* satiksme
trail *n.* taka
train *n.* vilciens; *v.* trenēties (*sports*); trenēt (*to train s.o.*)
train station *n.* dzelzceļa stacija
trainer *n.* treneris

tram *n.* tramvajs
transfer *n.* pārskaitījums (*bank*); *v.* pārsēsties (*on a train, bus, etc.*)
translate *v.* tulkot, pārtulkot
trash *n.* atkritumi
travel *v.* ceļot
traveler *n.* ceļotājs(-a)
tree *n.* koks
trick *v.* piekrāpt (*to play a trick on s.o.*)
trip *n.* ceļojums
trolley bus *n.* trolejbuss
trouble *n.* nepatikšanas; problēma (*problem*)
truck *n.* smagā mašīna, kravas automašīna
true *adj.* pareizs, patiess (*correct*), īsts (*real*); uzticīgs (*faithful*)
trust *n.* uzticība; *v.* uzticēties
truth *n.* taisnība, patiesība
try *v.* mēģināt, pamēģināt; censties (*to strive, to try one's best*); uzlaikot (*to try on*)
try out *v.* izmēģināt
tube *n.* caurule, rore
Tuesday *n.* otrdiena
tunnel *n.* tunelis
turn *n.* kārta (*as in "it's your turn"*); *v.* griezt (*to turn s.th., to rotate*); griezties (*reflexive*)
turn off *v.* nogriezt, izslēgt (*ex., the radio*)
turn on *v.* uzgriezt, ieslēgt (*ex., the radio*)
turnoff *n.* pagrieziens (*on a road*)
tutor *n.* privātskolotājs(-a)
twin *n.* dvīnis(-e)
two *num.* divi
typical *adj.* tipisks

U

ugly *adj.* neglīts
umbrella *n.* lietussargs
uncle *n.* tēvocis, onkulis
uncomfortable *adj.* neērts
unconscious *adj.*
  zaudējis(zaudējusi)
  samaņu; zaudēt samaņu
  (*to lose consciousness*)
under *prep.* zem
understand *v.* saprast
undress *v.* izģērbties
unfortunately *adv.* diemžēl
union *n.* savienība, apvienība
unite *v.* apvienot
university *n.* universitāte,
  augstskola
unknown *adj.* svešs
unless *conj.* ja…ne
unlikable *adj.* nejauks
unlock *v.* atslēgt
until *prep.* līdz
up *adv.* augšā
(be) upset *part.*
  uztraucies(uztraukusies)
upside-down *adv.* ačgārni
urgent *adj.* steidzams
use *v.* lietot, izlietot (*to use up*);
  izmantot (*to make use of*)
used *part.* lietots
useful *adj.* noderīgs
user *n.* lietotājs
usual *adj.* ierasts (*habitual*),
  parasts (*ordinary*)
usually *adv.* parasti

V

vacant *adj.* tukšs, brīvs
vacation *n.* atvaļinājums,
  brīvdienas
vacuum cleaner *n.* putekļu
  sūcējs
valid *adj.* derīgs
valley *n.* ieleja

value *n.* vērtība
various *adj.* dažāds
VCR *n.* videomagnetofons
vegetables *n.* dārzāji, dārzeņi
vegetarian *n.*
  veģetārietis(veģetāriete)
verb *n.* darbības vārds
very *adv.* ļoti
veterinarian *n.*
  veterinārārsts(-e)
victory *n.* uzvara
video camera *n.*
  videokamera
videotape *n.* videolente,
  videokasete
view *n.* ainava, skats
village *n.* ciems, ciemats
visa *n.* vīza
visit *v.* apciemot, apmeklēt
visitor *n.* viesis, ciemiņš
visual *adj.* vizuāls
vitamin *n.* vitamīns
vocabulary *n.* vārdu krājums
voice *n.* balss
voltage *n.* spriegums, voltāža
volume *n.* skaļums (*loudness*);
  tilpums (*amount*)
voluntary *adj.* brīvprātīgs
vomit *v.* vemt
vote *v.* balsot

W

wage *n.* alga
wait *v.* gaidīt, pagaidīt
waiter(waitress) *n.* oficiants(-e)
wake *v.* modināt, pamodināt
  (*to wake s.o.*); mosties
  (*reflexive*)
walk *n.* pastaiga; *v.* staigāt, iet
wall *n.* siena
wallet *n.* naudas maks, maks,
  maciņš
wander *v.* klejot, klīst

want *v.* gribēt
war *n.* karš
warehouse *n.* noliktava
warm *adj.* silts; *v.* sildīt,
  uzsildīt; sasildīties (*reflexive*)
warn *v.* brīdināt
warning *n.* brīdinājums
wash *v.* mazgāt, izmazgāt,
  nomazgāt; mazgāties
  (*reflexive*)
washing machine *n.* veļas
  mazgājamā mašīna
wasp *n.* lapsene
watch *n.* rokas pulkstenis
  (*wristwatch*); *v.* skatīties
watchman *n.* sargs
water *n.* ūdens
waterproof *adj.*
  ūdensnecaurlaidīgs
wave *n.* vilnis
wax *n.* vasks
way *n.* gatve (*road*)
we *pron.* mēs
weak *adj.* vājš
wealthy *adj.* turīgs
weapon *n.* ierocis
wear *v.* vilkt (*clothing*)
weather *n.* laiks, laika
  apstākļi
weave *v.* aust
website *n.* interneta mājas
  lapa, mājas lapa
wedding *n.* kāzas, laulības
Wednesday *n.* trešdiena
week *n.* nedēļa
weigh *v.* svērt
weight *n.* svars
weird *adj.* dīvains, savāds
welcome *v.* sagaidīt (*to meet*)
(you're) welcome *inter.* lūdzu
well *n.* aka (*water*); *adj.* vesels
  (*healthy*); *adv.* labi; *inter.* nu
west *n.* rietumi

wet *adj.* slapjš
what *pron.* kas (*subject*);
  ko (*object*)
what kind *n.* kāds(kāda)
wheat *n.* kvieši (*always
  plural*)
wheel *n.* ritenis
when *adv.* kad
where *adv.* kur; kurp
  (*where to*)
whether *conj.* vai
which *pron.* kurš(kura)
while *conj.* kamēr
white *adj.* balts
who *pron.* kas
whole *adj.* vesels
whom *pron.* ko
why *adv.* kādēļ, kāpēc
wide *adj.* plats
widely *adv.* plaši
widow *n.* atraitne; **widower**
  atraitnis
wife *n.* sieva
wild *adj.* savvaļas (*not
  domesticated*)
willow tree *n.* vītols
win *v.* uzvarēt
wind *n.* vējš
window *n.* logs
wing *n.* spārns
winter *n.* ziema
wipe *v.* slaucīt, noslaucīt
wire *n.* stieple, drāts (*fem.*),
  vads (*also pipe, tube*)
wisdom *n.* gudrība
wish *n.* vēlēšanās; *v.* vēlēt;
  vēlēties (*to wish for oneself*)
with *prep.* ar
withdraw *v.* izņemt (*bank*)
without *prep.* bez
witness *n.*
  aculiecinieks(aculieciniece)
wolf *n.* vilks
woman *n.* sieviete

wonderful *adj.* brīnišķīgs,
  vienreizējs (*one-of-a-kind*)
wood *n.* koks; **woods** mežs
  (*forest*)
wool *n.* vilna
word *n.* vārds
work *n.* darbs; *v.* strādāt
worker *n.*
  strādnieks(strādniece)
workshop *n.* darbnīca
world *n.* pasaule
worry *v.* uztraukties; raizēties
worth *n.* vērtība; **it's not
  worth it** nav vērts
wound *n.* ievainojums;
  v. ievainot
wrap *v.* ietīt, iesaiņot
write *v.* rakstīt
writer *n.*
  rakstnieks(rakstniece),
  autors(-e)
wrong *adj.* nepareizs; *adv.*
  nepareizi

Y

yard *n.* pagalms, sēta
  (*usually rural*)
yarn *n.* dzija
yawn *v.* žāvāties
year *n.* gads
yell *v.* kliegt
yellow *adj.* dzeltens
yes *adv.* jā
yesterday *adv.* vakar
yet *adv.* vēl; *conj.* tomēr
  (*nevertheless*)
you *pron.* tu (*singular
  informal*); jūs (*plural and
  singular formal*)
young *adj.* jauns

Z

zip code *n.* pasta kods, pasta
  indekss
zone *n.* josla, zona
zoo *n.* zooloģiskais dārzs,
  zoodārzs

PHRASEBOOK CONTENTS

Basics

Pick up a copy of the booklet *Rīga in Your Pocket*, published monthly, at a bookstore or kiosk for good up-to-date basic information about the capital city and nearby areas: hotels, restaurants, transportation, sightseeing, entertainment, culture, etc.

Yes/No
Jā/Nē

Sveiks is the typical "Hi" greeting in Latvian. It can also be used when parting. If you're addressing a female, say *Sveika*, and if you're addressing a group, say *Sveiki*. Younger people often greet each other with *Čau*. When saying goodbye, use *Uz redzēšanos*, *Uzredzīti*, or *Ardievu* (stress is on the second syllable for the second and third). *Laimīgi* (With cheer) or *Visu labu* (All the best) are also common. *Čau* can be used as a goodbye in informal situations. *Atā* (stress on second syllable) is like "bye bye"—usually used with close friends, children, and family members.

Good morning!
Labrīt! (*Stress on second syllable.*)

Good day!
Labdien! (*Stress on second syllable.*)

Good evening!
Labvakar! (*Stress on second syllable.*)

Good night! (*when going to bed*)
Ar labu nakti!

Please.
Lūdzu.
Lūdzu means both "please" and "you're welcome." It is a common word, often used in stores or restaurants if someone hands or offers you something.

Thank you.
Paldies. (*Stress on second syllable.*)

No, thank you.
Nē, paldies.

You're welcome.
Lūdzu.

OK.
Labi. (*Literally*: Good.)

I don't understand.
Es nesaprotu.

I don't know.
Es nezinu.

I don't speak Latvian.
Es nerunāju latviski.

I don't understand Russian.
Es nesaprotu krieviski.

Do you speak English?
Vai jūs runājat angliski?

Do you speak …?
Vai jūs runājat …?

…German
…vāciski

…French
…franciski

…Russian
…krieviski

…Spanish
…spāniski

…Swedish
…zviedriski

Please speak more slowly.
Lūdzu runājiet lēnāk.

Please repeat that.
Lūdzu atkārtojiet.

Please write it down.
Lūdzu uzrakstiet.

Excuse me/Sorry.
Atvainojiet.

That's OK.
Tas nekas.
(**nekas**: *Stress on second syllable.*)

Pardon?/What was that?
Kā lūdzu?

Here you are.
Lūdzu!

Can you help me?
Vai varat man palīdzēt?

Where is _____?
Kur ir _____?

Where is the toilet?
Kur ir tualete?

Where is the American/Canadian embassy?
Kur ir Amerikas/Kanādas vēstniecība?

What does _____ mean?
Ko nozīmē _____?

I need _____.
Man vajag _____.

I've lost my _____.
Es pazaudēju savu ....

   ...purse/bag
   ...somu

   ...wallet
   ...naudas maku

   ...camera
   ...fotoaparātu

   ...suitcase
   ...koferi/ceļa somu

   ...travelling companion
   ...ceļa biedru

If it is found, please call/write to _____.
Ja atrodas, lūdzu piezvanīt/atrakstīt uz _____.

Call an ambulance!
Izsauciet ātro palīdzību!

Leave me alone!
Lieciet mani mierā!

Go away!
Ejiet prom!

Help!
Palīgā!

Directions

Excuse me.
Atvainojiet.

I'm lost.
Es esmu apmaldījies(apmaldījusies).

Where is _____?
Kur ir _____?

Where is the nearest bus/tram/trolley station?
**Kur ir tuvākā autobusa/tramvaja/trolejbusa
pietura?**

I'm looking for _____.
Es meklēju _____.

How do I get to _____?
Kā tiek uz _____?

Is this the right way to _____?
Vai šis ir pareizais ceļš uz _____?

Is it far?
Vai tas ir tālu?

Can one walk there?
Vai turp var aiziet kājām?

I'll show you. Follow me.
Es parādīšu. Sekojiet man. (*Or:* **Nāciet man līdzi.**)

Please show me on the map where I am.
Lūdzu parādiet kartē, kur es esmu.

There. Here.
Tur. Te/Šeit.

north	**ziemeļi**
south	**dienvidi**
east	**austrumi**
west	**rietumi**

When giving or receiving directions, *uz* and the dative case of north, south, east, and west is used. Therefore:

Go north/south/east/west.
**Ejiet uz ziemeļiem/dienvidiem/austrumiem/
    rietumiem.**

Go in the direction of_____.
Ejiet _____ virzienā.

Turn right/left.
Griezieties pa labi/pa kreisi.

Go/Drive straight.
Ejiet/Brauciet taisni uz priekšu.

At the traffic light _____.
Pie gaismām/luksofora _____.

At the corner _____.
Uz stūra _____.

Turn onto the first/second street on the left.
Griezieties pirmā/otrā ielā pa kreisi.

Useful Words:

| across the street from _____ | **pāri ielai no _____,
_____ pretī** |
|------------------------|-------------------|
| intersection | **krustojums** |
| crossstreet | **šķērsiela** |
| map | **karte** |
| next to | **blakus, pie** |
| one-way street | **vienvirziena iela** |
| pedestrian zone | **gājēju iela** |

At the Border

I'm a citizen of the United States/Canada.
Esmu Amerikas/Kanādas pilsonis(-e).

What's the purpose of your trip?
Kāds ir jūsu brauciena mērķis?

I'm a tourist.
Esmu tūrists.

I'm visiting friends/relatives.
Apciemoju draugus/radus.

I'm here on business.
Esmu šeit darba komandējumā.

I'm attending a convention.
Es braucu uz konferenci/semināru.

I'll be here for two weeks.
Es te būšu divas nedēļas.

I'd like to get in touch with the embassy.
Es gribu sazināties ar vēstniecību.

I have nothing to declare.
Man nav nekā, ko deklarēt.

I have only personal belongings and gifts and souvenirs.
Man ir tikai personīgās mantas un dāvanas un suvenīri.

Please open your bag.
Lūdzu atveriet somu.

TRANSPORTATION

Where is the ticket office?
Kur ir kase?

How much does a ticket to Moscow cost?
Cik maksā biļete līdz Maskavai?

Is there a discount for …?
Vai ir atlaide …?

   …children?
   …bērniem?

   …students?
   …studentiem?

   …senior citizens?
   …pensionāriem?

One-way ticket/round-trip ticket.
Vienvirziena biļete/biļete turp un atpakaļ.

Do you have any tickets for tomorrow?
Vai ir biļetes uz rītdienu?

I'd like a ticket to Ventspils, please. (*Also just*: To
   Ventspils, please.)
Lūdzu biļeti līdz Ventspilij. (Līdz Ventspilij, lūdzu.)

Where do I transfer (change trains/planes)?
Kur man jāpārsēžas?

I missed my connection.
Es nokavēju savienojumu.

Are we running late?
Vai mēs kavējamies?

My suitcase is damaged/lost.
Mans koferis ir bojāts/pazudis.

By Air

I want to confirm my reservation.
Vēlos pārbaudīt savu rezervāciju.

I'd like a window seat, please.
Lūdzu vietu pie loga.

Is it a direct flight?
Vai tas ir tiešais reiss?

Where do I check/claim my baggage?
Kur nodod/saņem bagāžu?

I feel sick.
Man ir nelabi.

By Train

Is there a direct train to Vilnius?
Vai ir tiešais vilciens uz Viļņu?

When does the train to Rēzekne leave?
Cikos atiet vilciens uz Rēzekni?

When is the next train to _____?
Kad ir nākošais vilciens uz _____?

When does the train arrive in Liepāja?
Cikos vilciens pienāk Liepājā?

Where is the third platform?
Kur ir trešais perons?

Is this the ninth car/ninth compartment?
Vai šis ir devītais vagons/devītā kupeja?

Where is my seat?
Kur ir mana vieta?

I believe this is my seat.
Man liekas, ka šī ir mana vieta.

Where is the dining car?
Kur ir restorānvagons?

What is the next station?
Kas ir nākošā stacija?

What station is this?
Kas šī par staciju?

For how many minutes will the train stop?
Cik minūtes vilciens stāvēs?

I missed my train.
Es nokavēju vilcienu.

By Ship

How long will the ship stay in port?
Cik ilgi kuģis būs ostā?

How long is the voyage?
Cik ilgi būsim ceļā?

Where is my cabin?
Kur ir mana kajīte?

My cabin is on the second deck.
Mana kajīte ir uz otrā klāja.

How do I get to the deck?
Kā lai es tieku uz klāja?

What is this port called?
Kā sauc šo ostu?

When will we arrive in Helsinki?
Cikos mēs būsim Helsinkos?

By Bus/Tram/Trolley

Each trip on any form of urban public transportation costs
20 santīmi. Buy tickets from the conductor (*konduktors*)
once you get on the bus—he/she will have a badge and
will most likely approach you. If you want to familiarize
yourself with the public transportation system in Rīga,
visit www.ttp.lv.

Which bus goes to the airport/city center?
Kurš autobuss brauc uz lidostu/pilsētas centru?

Where is the nearest bus/tram/trolley bus stop?
Kur ir tuvākā autobusa/tramvaja/trolejbusa pietura?

Where does bus/tram/trolley bus number eight stop?
Kur piestāj astotais autobuss/tramvajs/trolejbuss?

When is the next/last bus?
Cikos ir nākošais/pēdējais autobuss?

Can I get to the zoo with this bus?
**Vai ar šo autobusu varu nokļūt līdz zooloģiskajam
    dārzam?**

How does one get to the center of the city?
Kā tiek uz pilsētas centru?

Take bus number 40.
Brauciet ar četrdesmito autobusu.

You're on the wrong bus.
Jūs esat nepareizā autobusā.

Please tell me when to get off.
Lūdzu pasakiet man, kad izkāpt.

Where do I need to transfer?
Kur man jāpārsēžas?

Next stop.
Nākamā pietura.

You missed your stop.
Jūs pabraucāt garām savai pieturai.

Where is the end of this tram line?
Kur ir šī tramvaja galapunkts?

USEFUL WORDS:

airplane	**lidmašīna**
airport	**lidosta**
allowed	**atļauts**
anchor	**enkurs**
arrival	**pienākšana**
arrival time	**pienākšanas laiks**
baggage	**bagāža**
baggage check room	**bagāžas glabātuve**
baggage rack	**bagāžas plaukts**
berth	**guļamvieta**
lower	**apakšējā**
upper	**augšējā**
to board	**iekāpt**
boarding time	**iekāpšanas laiks**
boarding pass	**iekāpšanas karte**
bus	**autobuss**
bus station	**autoosta**
car (*train*)	**vagons**
carry-on baggage	**rokas bagāža**

check-in	**reģistrācija**
citizenship	**pilsonība**
coast	**krasts**
compartment	**kupeja**
crew	**apkalpe**
currency	**valūta**
customs	**muita**
customs declaration	**muitas deklarācija**
deck	**klājs**
departure	**atiešana, izlidošana** (*by air*)
departure time	**atiešanas laiks**
destination	**galamērķis**
duty	**nodoklis**
duty-free	**nemuitojams**
duty-free shop	**beznodokļu preču veikals**
express	**ekspresis**
ferry	**prāmis**
first class	**pirmā klase**
flight	**lidojums**
gate	**izeja, vārti**
to get off/disembark	**izkāpt**
goods to declare	**preces deklarēšanai**
harbor	**osta**
to land	**nolaisties** (*plane*), **izkāpt krastā** (*ship*)
left luggage desk	**mantu glabātuve**
life preserver	**glābšanas veste**
life boat	**glābšanas laiva**
lighthouse	**bāka**
locker	**aizslēdzams skapītis, skapītis**
non-stop flight	**tiešais lidojums, tiešais reiss**
nothing to declare	**deklarējamu preču nav**
one-way	**vienvirziena**
passenger	**pasažieris**
passport	**pase**
passport control	**pasu kontrole**
platform	**perons, platforma**
port	**osta**
prohibited	**aizliegts**

railway	**dzelzceļš**
reservation	**rezervācija**
to reserve	**rezervēt**
round-trip ticket	**biļete turp un atpakaļ**
to sail	**atiet no krasta**
schedule	**saraksts**
seasickness	**jūras slimība**
seat	**vieta, sēdvieta**
second class	**otrā klase**
ship	**kuģis**
shore	**krasts**
sleeping car	**guļamvagons**
stamp, seal	**zīmogs**
subject to duty	**muitojams**
ticket	**biļete**
ticket office	**kase**
tram	**tramvajs**
to transfer	**pārsēsties**
transit passengers	**tranzītpasažieri**
train	**vilciens**
train station	**dzelzceļa stacija**
transit visa	**tranzītvīza**
trolley bus	**trolejbuss**
visa	**vīza**
visa extension	**vīzas pagarinājums**
waiting room	**uzgaidāmā telpa**

Car and Taxi

Your driver's license, please.
Jūsu braukšanas tiesības, lūdzu.

Here is…
Te ir…

…my international driver's license. (…my license.)
…mana starptautiskā braukšanas apliecība.
(…manas tiesības.)

…my car documents.
…mani mašīnas dokumenti.

Please open the hood/trunk.
Lūdzu atveriet motora vāku/bagāžnieku.

I didn't notice the sign.
Es neievēroju zīmi.

What's the speed limit here?
Kāds te ir atļautais ātrums?

Where can I park my car?
Kur varu novietot savu mašīnu?

How much does it cost?
Cik maksā?

How long can I leave the car here?
Cik ilgi es te varu atstāt mašīnu?

Be prepared to get lost while driving in Latvia—roads are often poorly marked. Latvian maps, though, are of high quality. The main place for maps and travel books is the "Jāņa sēta" store at Elizabetes iela 83/85 in Rīga. For more phrases see the "Directions" section.

Where does this road go to?
Kurp ved šis ceļš?

How do I get to the Rīga-Liepāja highway?
Kā var izbraukt uz Rīgas-Liepājas šosejas?

Is this the right way to Sigulda?
Vai šis ir pareizais ceļš uz Siguldu?

Where is the nearest gas station?
Kur ir tuvākā degvielas stacija?

20 lati worth of gas, please.
Lūdzu degvielu par divdesmit latiem.

Thirty liters of gas, please.
Lūdzu trīsdesmit litrus degvielas.

Fill up the tank, please.
Lūdzu piepildiet tvertni.

Where is a service station/mechanic?
Kur ir auto serviss/mehāniķis?

The tire is flat.
Riepa ir tukša.

The motor is not working properly.
Motors nestrādā kā vajag.

Please fix it.
Lūdzu salabojiet.

How long will it take?
Cik ilgs laiks paies?

The car door closed and my keys are inside. (*I'm locked out of my car.*)
Mašīnas durvis aizcirtās, un atslēgas palika mašīnā.

Car Rental

How much does it cost per day?
Cik maksā par dienu?

How much does it cost per kilometer?
Cik maksā par kilometru?

What make is the car?
Kādas markas mašīna?

I'd like a car with automatic transmission.
Es vēlētos mašīnu ar automātisko ātruma pārslēdzēju.

I'd like a larger/smaller car.
Es vēlētos lielāku/mazāku mašīnu.

Can I buy insurance?
Vai varu nopirkt apdrošināšanu?

Both of us will be driving.
Mēs abi vadīsim mašīnu.

Do I need to pay a downpayment?
Vai man jāatstāj iemaksa?

Please show me how the radio works.
Lūdzu parādiet kā darbojas radio.

Taxi

Where can I get a taxi?
Kur es varu dabūt taksometru?

Please call a taxi.
Lūdzu izsauciet taksometru.

I'd like to call a taxi to Zaļā iela 7 at 12 o'clock.
Gribu izsaukt taksometru uz Zaļo ielu 7 (septiņi) pulksten divpadsmitos.

Please come/go to this address.
Lūdzu atbrauciet/brauciet uz šo adresi.

I need to get to Raiņa bulvāris 5.
Man jātiek uz Raiņa bulvāri 5 (pieci).

To the airport, please.
Uz lidostu, lūdzu.

I'm in a hurry.
Es steidzos.

Please wait here. I'll be back soon.
Lūdzu pagaidiet te/šeit. Būšu drīz atpakaļ.

Stop here, please.
Apstājieties šeit, lūdzu.

How much will it cost?
Cik tas maksās?

Keep the change.
Atlikumu nevajag.

Useful Words:

accelerator, gas pedal	**gāzes pedālis**
accident	**avārija, nelaimes gadījums**
antifreeze	**antifrīzs**
automobile	**automašīna**
battery	**akumulators, baterija**
blinker	**pagrieziena gaisma**
boulevard	**bulvāris**
brakes	**bremzes**
bridge	**tilts**
car	**mašīna**
car rental	**automašīnas noma**
child seat	**bērna sēdeklis**
clutch	**sajūgs**

detour	**apkārtceļš**
diesel fuel	**dīzeļdegviela, dīzelis**
dirt road	**grantēts ceļš**
to drive	**braukt**
engine	**motors, dzinējs**
filling station	**degvielas uzpildes stacija, degvielas stacija**
fine	**soda nauda, sods**
fluid	**šķidrums**
four-door	**ar četrām durvīm**
fuel injection	**degvielas iesmidzināšana**
gas station	**degvielas uzpildes stacija, degvielas stacija**
gas tank	**benzīntanks, benzīntvertne**
gasoline	**degviela, benzīns**
gear (1st, 2nd, etc.)	**ātrums**
gravel road	**grantēts ceļš**
head lights	**lukturi, priekšējās gaismas**
highway	**šoseja**
hitch	**piekabe**
hood	**motora vāks**
jack	**domkrats**
jumper cables	**kabelis**
key	**atslēga**
lane (*highway*)	**josla**
license plate	**numura zīme**
license plate number	**mašīnas numurs**
lights	**gaismas**
to lock	**slēgt**
mechanic	**mehāniķis**
motor	**dzinējs, motors**
motorcycle	**motocikls**
oil	**eļļa**
to park	**novietot mašīnu**
parking lot	**stāvvieta, autostāvvieta**
to pass	**apdzīt, apbraukt**
paved road	**asfaltēts ceļš**
radiator	**radiators**
repair shop	**auto serviss, auto labotava**

reverse gear	**atpakaļgaita**
road	**ceļš**
safety belt	**drošības josta**
service station	**auto serviss**
snow chains	**ķēdes**
snow tires	**ziemas riepas**
spare tire	**rezerves riepa**
square	**laukums**
to steer	**stūrēt**
street	**iela**
taxi	**taksometrs**
tire	**riepa**
title	**tehniskā pase**
to tow	**aizvilkt, vilkt tauvā**
traffic light	**gaismas signāls, luksofors**
trunk	**bagāžnieks**
two-door	**ar divām durvīm**
windshield	**priekšējais stikls**
windshield wipers	**slotiņas, stiklu tīrītāji**

Accommodation

Information about bed and breakfast, rural and small-town hotels, and country vacation homes can be found at "Lauku ceļotājs" (www.celotajs.lv, Kuģu iela 11, Rīga, tel. 761 76 00 or 761 76 24) and in their booklet "Atpūta laukos."

Latvia has a few hostels and dormitories that rent rooms to travellers. Contact www.hostellinglatvia.com for information.

Where's this hotel located?
Kur atrodas šī viesnīca?

I need a hotel not far from _____.
Man vajadzīga viesnīca netālu no _____.

Do you have any vacancies?
Vai jums ir brīvas istabas?
(**Numurs** *is sometimes used instead of* **istabas**.)

We have no rooms left.
Mums nav brīvu istabu.

Sorry, we're full.
Atvainojiet, brīvu vietu nav.

Can I book a room, please?
Vai es varu rezervēt istabu, lūdzu?

I have a reservation.
Man ir rezervēta istaba.

My name is _____.
Mani sauc _____.

Do you need to see my passport?
Vai vajag uzrādīt pasi?

Please show me your passport.
Lūdzu uzrādiet pasi.

A room for one/two people, please.
Lūdzu istabu vienam cilvēkam/diviem cilvēkiem.

I need a room for one night.
Man vajag istabu uz vienu diennakti.

I'll be staying until June 30th.
Es palikšu līdz trīsdesmitajam jūnijam.

What's the price per night?
Cik maksā viena diennakts?

What does it cost per child?
Cik maksā vieta bērnam?

Does the price include breakfast?
Vai cenā ir ieskaitītas brokastis?

On what floor is my room?
Kurā stāvā atrodas mana istaba?

Your room is on the third floor.
Jūsu istaba ir trešā stāvā.

Is breakfast included?
Vai brokastis ir ieskaitītas?

Where and when is breakfast served?
Kur un cikos ir brokastis?

Does the room have …?
Vai istabā ir …?

   …a telephone
   …telefons

   …a television
   …televizors

   …a refrigerator
   …ledusskapis

   …an air conditioner
   …gaisa dzesētājs/gaisa kondicionieris

   …a mini-bar
   …minibārs

May I see the room?
Vai drīkstu apskatīt istabu?

This room is fine. This room will not do for me.
Šī istaba ir laba. Šī istaba man neder.

Do you have a better/cheaper/quieter room?
Vai jums ir labāka/lētāka/klusāka istaba?

By what time do I need to vacate the room?
Līdz kuram laikam man jāatbrīvo istaba?

Where can I park my car?
Kur es varu novietot automašīnu?

What time is breakfast?
Cikos ir brokastis?

Where is the elevator?
Kur ir lifts?

How do I use the telephone?
Kā lieto telefonu?

Can I use my computer in the room?
Vai varu lietot savu datoru istabā?

The television in my room does not work.
Manā istabā televizors nedarbojas.

Please wake me at seven o'clock.
Lūdzu pamodiniet mani pulksten septiņos.

Please bring me an extra blanket.
Lūdzu atnesiet man vēl vienu segu.

I need _____.
Man vajag _____.

I'd like to order some food.
Vēlos pasūtīt ēdienu.

Please give me the key for room #6.
Lūdzu iedodiet atslēgu sestajai istabai.

I lost my key.
Es pazaudēju savu atslēgu.

Please tell me how to make a local phone call.
Lūdzu parādiet, kā zvanīt uz vietējo numuru.

What room is _____ staying in?
Kurā istabā apmeties _____?

I'd like to stay another night.
Vēlos palikt vēl vienu nakti.

I'm leaving today at noon.
Braucu prom šodien pusdienas laikā.

Please call a taxi.
Lūdzu izsauciet taksometru.

USEFUL WORDS:

adjoining rooms	**savienotas istabas**
baggage check room	**uzglabāšanas kamera**
bill	**rēķins**
blanket	**sega**
to book	**aizrunāt, pasūtīt**
to cancel a reservation	**atsaukt rezervāciju**
to change a reservation	**mainīt rezervāciju**
check-out time	**izrakstīšanās laiks**
children's discount	**atlaide bērniem**
complaint	**sūdzība**
crib/cot/child's bed	**bērna gulta**
deluxe room	**luksus istaba**
departure	**aizbraukšana**
desk clerk, concierge	**reģistratūras darbinieks**
double bed	**divguļama gulta**
to fill in a form	**aizpildīt veidlapu**

to fix	**salabot**
folding bed	**salokāmā gulta**
hotel	**viesnīca**
housekeeper/maid	**apkopēja**
iron	**gludeklis**
to iron	**gludināt**
key	**atslēga**
laundry service	**veļas mazgāšanas pakalpojums**
linens	**gultas veļa**
lobby	**priekštelpa, vestibils, foajē**
luggage	**bagāža**
manager	**vadītājs, administrators, menedžeris**
passport	**pase**
to pay the bill	**samaksāt rēķinu**
pillow	**spilvens**
porter	**nesējs**
to put on the bill	**pievienot rēķinam**
reception	**reģistratūra, uzņemšana**
registration	**reģistrācija**
reservation	**rezervācija**
service	**apkalpošana**
sheet	**palags**
soap	**ziepes**
toilet paper	**tualetes papīrs**
towels	**dvieļi**
to wash	**mazgāt**

Restaurants

bārs	cafeteria, snacks; bar
bufete	snack bar
ēdnīca	cafeteria
kafejnīca	café (*usually also serves food*)
konditoreja	bakery specializing in cakes and sweets
krogs	bar, roadside tavern, pub
pārtika	groceries
restorāns	restaurant

Could you recommend a good restaurant?
Vai varat ieteikt labu restorānu?

I'd like to reserve a table for four at 7 o'clock.
Vēlos pasūtīt galdu četriem cilvēkiem pulksten septiņos.

A table for two, please.
Galdu diviem, lūdzu.

We'd like to sit by the window/outside.
Vēlamies sēdēt pie loga/ārā.

May I see the menu, please?
Vai es varētu lūdzu apskatīt ēdienkarti?

What will you have?
Ko vēlaties? *Also just*: **Lūdzu?**

What will you drink?
Ko jūs dzersiet? *Also just:* **Lūdzu?**

What do you recommend?
Ko jūs ieteiktu?

I'm not ready to order yet.
Neesmu vēl gatavs(-a) pasūtīt.

I'm on a diet.
Es ievēroju diētu.

I'm a vegetarian.
Esmu veģetārietis(-e).

Do you have vegetarian dishes?
Vai jums ir veģetāriskie ēdieni.

No onions, please.
Bez sīpoliem, lūdzu.

That's mine/his/hers.
Tas ir mans/viņa/viņas.

I think you brought me the wrong order.
Man liekas, ka man ir atnests nepareizais ēdiens.

The food…
Ēdiens…

> …is excellent.
> **…ir vienreizējs.**

> …is very good (tasty).
> **… ir ļoti garšīgs.**

> …is alright.
> **…ir pieņemams.**

> …is not good (tasty).
> **…nav garšīgs.**

Waiter!
Atvainojiet! (*Literally*: Excuse me!)

Please send this back to the kitchen.
Lūdzu sūtiet šo atpakaļ uz virtuvi.

The check, please.
Rēķinu, lūdzu.

Is service included?
Vai apkalpošana ir ieskaitīta?
(*Some restaurants include a charge for service on the bill.
If not, it is acceptable to leave a tip on the table, although
this is not as common in rural areas.*)

Useful Words:

menu	**ēdienkarte**
to order	**pasūtīt**
portion	**porcija**
service	**apkalpošana**
tip	**dzeramnauda**
today's special	**šīs dienas piedāvājums, speciālais ēdiens**
waiter	**oficiants(-e)**

Food

I'd like some more _____, please.
Es vēlētos vēl _____, lūdzu.

Have some more potatoes, please.
Lūdzu ēdiet vēl kartupeļus.

Thank you, with pleasure.
Paldies, labprāt.
(*Stress on second syllable for both words.*)

No, thank you.
Nē, paldies.
(**paldies**: *Stress on second syllable.*)

I've had enough.
Man pietiek.

Useful Words:

General Terms

atspirdzinājumi	refreshments, snacks
auksts	cold
brokastis	breakfast
bļoda	bowl
dakšiņa	fork
deserts	dessert
glāze	glass
kauss	beer stein; pitcher
krūze	cup
karote	spoon
karsts	hot
nazis	knife
piedevas	side dishes
pipari	pepper

pudele	bottle
pusdienas	lunch
saldais ēdiens	dessert
salds	sweet
sāls (*fem.*)	salt
salvete	napkin
sauss	dry
siltie ēdieni	warm dishes, main dishes
silts	warm
šķīvis	plate
tase	cup
uzkodas, uzkožamie	appetizers, refreshments, snacks
vakariņas	dinner (*evening meal*), supper

Ēdieni & Cepšana—Foods & Cooking

auzas	oats
auzu pārslu putra	oatmeal
biezpiens	cottage cheese
biezputra	boiled grains, porridge
buljons	bullion
cepts	cooked
cepts uz pannas	fried
cepts uz restēm	grilled
cukurs	sugar
dabīgie produkti	organic produce
dilles	dill
ekoloģiski tīra pārtika	organic produce
eļļa	oil
etiķis	vinegar
garšvielas	spices, herbs
grauzdiņi	toast (*usually garlic-flavored*)
griķi	buckwheat
grillēts	grilled
grūbas	groats, grains
gulašs	goulash
iesms	skewer
ievārījums	jam
jogurts	yogurt
kanēlis	cinnamon

kaņepes	hemp, hemp seed
kečups	ketchup
kefīrs	kefir
klimpas	dumplings
kompots	compote, stewed fruit
krējums	cream, sour cream
kumelītes	chamomile
kūpināts	smoked
kvieši	wheat
ķīselis	fruit sauce/pudding
lazdu rieksti	filberts, hazelnuts
ledus	ice
liepu ziedi	linden blossoms
magoņsēklas	poppy seeds
majonēze	mayonnaise
makaroni	macaroni
mandeles	almonds
manna putra	cream of wheat
margarīns	margarine
marinēts	pickled, marinated
marmelāde	marmalade, jam
mārrutki	horseradish
medus	honey
mērce	sauce, gravy
mieži	barley
mīkla	dough
milti	flour
nūdeles	noodles
ola	egg
olīvas	olives
omlete	omelet
paniņas	buttermilk
pankūkas	crepes, pancakes
pastēte	paté
pelmeņi	meat-filled dumplings
pica	pizza
piena produkti	dairy products
piens	milk
pikants	spicy
pildīts	filled
piparmētras	mint

pīrāgs	filled pastry (*most often with meat*)
plovs	rice casserole
pudiņš	pudding
putra	porridge
putraimi	groats, cracked grains, usually barley
putukrējums	whipped cream
raugs	yeast
rieksti	nuts
rīsi	rice
rīvēts	grated
rozīnes	raisins
rudzi	rye
rūgts	bitter
rūgušpiens	tyre, sour milk
salāti, salātiņi	salads (*usually with mayonnaise dressings*)
saldēts	frozen
saldējums	ice cream
saldskābs	sweet and sour
sautēts	sautéed
siers	cheese
sinepes	mustard
sīrups	syrup
skābais krējums	sour cream
skābs	sour
soja	soy
svaigs	fresh
sviestmaize	sandwich (*usually open-faced*)
sviests	butter
tauki	fat
vājpiens	skim milk
valrieksti	walnuts
vaniļa	vanilla
vareņiki	filled dumplings
vārīts	boiled
zemesrieksti	peanuts
zupa	soup
žāvēts	dried
želeja	jelly, jellied

FOOD

Maizes & Saldumi—Breads & Sweets

ābolkūka	apple pastry
baltmaize	white bread
biezpienmaize	cheesecake
biskvīts	sponge cake
cepumi	cookies
dzeltenmaize	sweet saffron bread
grauzdiņi, **grauzdēta maize**	toast
kēkss	pound cake
klaips	loaf
kliņģeris	sweet saffron bread
koņfektes	candies
kūka	cake
kukulis	loaf
maize	bread
maizīte	sweet roll
moka	mocha
rupjā maize, **rupjmaize,** **rudzu maize**	rye bread
saldējums	ice cream
saldskābā maize	sourdough rye bread
šokolāde	chocolate
šokolādes tāfele	bar of chocolate
torte	torte, layer cake

Zivis—Fish

austeres	oysters
forele	trout
garneles	prawns, shrimp
ikri	caviar
krabis	crab
lasis	salmon
līdaka	pike
menca	cod
nēģis	lamprey

omārs	lobster
siļķe	herring
šprotes	sprats
vēzis	crawfish, lobster
zutis	eel

Gaļa—Meat

aitas gaļa	mutton
aknas	liver
aknu desa	liverwurst
asinsdesa	blood sausage
aukstā gaļa	meat in aspic, cold cuts
bekons	bacon
bifšteks	beefsteak
cālis	chicken
cīsiņi	wieners
cūkgaļa	pork
desa	sausage
desiņas	wieners
frikadeles	meatballs
galerts	meat in aspic
jēra gaļa	lamb
karbonāde	cutlet, chop
kotlete	meat patty, hamburger
liellopa gaļa	beef
maltā gaļa	ground meat
medījums	game
nieres	kidneys
pīle	duck
putna gaļa	poultry
ribiņas	ribs
speķis	bacon
steiks	steak
šķiņķis	ham
teļa gaļa	veal
tītars	turkey
vista	chicken
zoss (*fem.*)	goose

labi izcepta	well done
vidēji apcepta	medium
viegli apcepta	rare

Dārzeņi & Saknes—Vegetables

baklažāni	eggplant
bietes	beets
burkāni	carrots
gurķi	cucumbers, pickles
kabači	zucchini, summer squashes
kāļi	rutabagas
kāposti	cabbage
kartupeļi	potatoes
kartupeļi frī	french fries
kukurūza	corn
ķiploki	garlic
ķirbji	squashes, pumpkins
lapu salāti	lettuce
lociņi, loki	green onions
mārrutki	horseradish
paprika	sweet peppers
pelēkie zirņi	gray peas
pētersīļi	parsley
puķukāposti	cauliflower
pupas, pupiņas	beans
puravi	leeks
redīsi	radishes
salāti	lettuce, salad
salātiņi	mixed salads (*usually with mayonnaise*)
saldie pipari	sweet peppers
selerija	celery
sēnes	mushrooms
sīpoli	onions
skābenes	sorrel
skābi gurķi	pickles
skābi kāposti	sauerkraut
sparģeļi	asparagus

spināti	spinach
šampinjoni	white button mushrooms
tomāti	tomatoes
zaļie zirņi	green peas
ziedkāposti	cauliflower
zirņi	peas

Augļi & Ogas—Fruit & Berries

āboli	apples
ananasi	pineapples
apelsīni	oranges
aprikozes	apricots
arbūzs	watermelon
avenes	raspberries
banāni	bananas
brūklenes	lingonberries
bumbieri	pears
cidonijas	quinces
citroni	lemons
dzērvenes	cranberries
ērkšķogas	gooseberries
ķirši	cherries
jāņogas	red currants
mandarīni	tangerines
mellenes	blueberries
melone	melon
persiki	peaches
plūmes	plums
upenes	black currants
vīnogas	grapes
zemenes	strawberries

Dzērieni—Drinks

alus	beer
ar ledu	with ice (*don't expect non-alcoholic drinks to be served with ice*)

balzams	bitters
degvīns	vodka
džins	gin
gaišais alus	light-colored beer, lager
gāzēts ūdens	soda water, mineral water
kafija	coffee
bez kofeīna	decaffeinated
kokakola	Coca-Cola
kokteilis	cocktail
konjaks	cognac
kvass	fermented drink similar to beer
liķieris	liqueur
pepsikola	Pepsi-Cola
piena kokteilis	fruit juice and milk drink
piens	milk
portvīns	port
rums	rum
saldējuma kokteilis	fruit juice and ice cream drink
stiprie dzērieni	hard liquor
sula	juice
šampanietis	champagne
šņabis	vodka
tēja	tea
tējas maisiņš	tea bag
tumšais alus	dark-colored beer
ūdens, negāzēts ūdens	water (**Vai ūdens te ir dzerams?** Is the water drinkable here?**)**
vermuts	vermouth
vīns	wine
viskijs	whiskey
0,3 l (nulle tris)	⅓ liter
0,5 l (puslitrs, nulle pieci)	½ liter
100/200 g (simts/ divsimt gramu)	a shot of liquor

Money and Banking

The currency of Latvia is the *lats* (pl. *lati*), which is made up of 100 *santīmi* (sing. *santīms*).

Where is there a bank?
Kur ir banka?

How much does that cost?
Cik tas maksā?

How much does this _____ cost?
Cik maksā šis(šī) _____?

How much money do you have?
Cik tev ir naudas?

I have five lati and 27 santīmi.
Man ir pieci lati un divdesmit septiņi santīmi.

I have only _____.
Man ir tikai _____.

How much does it cost all together?
Cik maksā viss kopā?

I'd like the receipt, please.
Lūdzu kvīti.

Keep the change.
Atlikumu nevajag.

Money Exchange (Valūtas Maiņa)

Where can I change money?
Kur varu samainīt valūtu?

What's the rate of exchange for US dollars?
Kāds ir ASV dolāru apmaiņas kurss?

I'd like to change_____.
Es gribu samainīt _____.

I'd like to cash this check.
Gribu samainīt šo čeku pret skaidru naudu.

I'd like to change this money into dollars.
Gribu samainīt šo naudu dolāros.

Please give me change for this 20 lati banknote.
Lūdzu samainiet šos 20 (divdesmit) latus sīkākā naudā.

USEFUL WORDS:

ATM	**bankas automāts**
bank	**banka**
bank note	**banknote**
bank transfer	**bankas pārskaitījums**
bill	**papīra nauda**
Canadian dollar	**Kanādas dolārs**
cash	**skaidra nauda**
check	**čeks** (*checks are not common in Latvia*)
change	**sīknauda** (*coins*), **atlikums** (*money given back*)
cheap, inexpensive	**lēts**
coin	**monēta**
commission	**komisijas nauda, komisija**
credit card	**kredītkarte**
currency	**valūta**
dollar	**dolārs**
euro	**eiro**
exchange office	**maiņas punkts**
exchange rate	**kurss**
to exchange	**apmainīt**
expensive	**dārgs**
to give change	**izdot atlikumu**
money	**nauda**
money order	**naudas pārvedums**

money transfer	**naudas pārskaitījums**
pound sterling	**sterliņu mārciņa**
traveller's checks	**ceļojuma čeki, tūristu čeki**

Banking

I want to open an account.
Vēlos atvērt kontu.

Can I transfer money to my account in the United States?
Vai es varu pārskaitīt naudu uz manu kontu Amerikā?

How much will it cost?
Cik tas maksās?

bank account	**konts**
bank transfer	**bankas pārskaitījums**
bond	**parādzīme**
cash	**skaidra nauda**
commercial bank	**komercbanka**
commission	**komisijas nauda, komisija**
deposit	**noguldījums**
interest	**procenti**
investment	**ieguldījums, investīcija**
loan	**aizdevums** (*lent*), **aizņēmums** (*borrowed*), **kredīts**
mortgage bank	**hipotēku banka**
rate	**likme, kurss**
receipt	**kvīts**
savings bank	**krājbanka**
stock	**akcija**
transaction	**darījums**
transfer	**pārskaitījums**
wire transfer	**pārvedums**
to withdraw	**izņemt**
withdrawal	**naudas izņemšana**

Business

I have an appointment with _____ at 10 o'clock.
Man ir sarunāta tikšanās ar _____ pulksten desmitos.

My name is _____.
Mani sauc _____.

I'd like to make an appointment with _____.
Gribu sarunāt tikšanos ar _____.

What day?
Kurā dienā?

At what time?
Cikos?

<u>Useful Words</u>:

agreement	**vienošanās**
apostille	**apostille**
attorney	**advokāts(-e)**
branch	**filiāle**
business	**uzņēmējdarbība, bizness** (*in general*), **firma** (*company*)
certified	**sertificēts**
client	**klients**
commerce	**tirdzniecība**
company	**uzņēmums, firma, kompānija**
consultation	**konsultācija**
consultant	**konsultants(-e)**
contract	**līgums, kontrakts**
convention	**konference, seminārs**
cooperation	**sadarbība**
copyright	**autortiesības**
deal	**darījums**
debt	**parāds**
depreciation	**amortizācija**

design	**konstrukcija, dizains**
development	**izstrāde, attīstība**
down payment, deposit	**iemaksa, drošības nauda**
economics	**ekonomika**
employees	**darbinieki, strādājošie**
experiment	**eksperiments**
export	**eksports;** *v.* **eksportēt**
factory	**fabrika**
firm *n.*	**firma**
import	**imports;** *v.* **importēt**
invoice	**rēķins, pavadzīme**
land registry	**zemes grāmata**
lawyer	**jurists(-e), advokāts(-e)**
letter of credit	**kredītvēstule, akreditīvs**
loss	**zaudējums**
management	**vadība**
manufacturing	**ražošana**
marketing	**mārketings**
notary	**notārs** (*Notaries in Latvia perform many of the same services as a lawyer.*)
notarized	**ar notariālu apstiprinājumu**
order *n.*	**pasūtījums**
organization	**organizācija**
partner	**līdzdalībnieks, partneris**
plant	**rūpnīca**
power of attorney	**pilnvara**
production	**ražošana**
proxy	**pilnvara**
real estate	**nekustamais īpašums**
realtor	**mākleris(-e)**
research	**pētniecība**
share holder	**paju īpašnieks, akcionārs**
society	**biedrība**
stock	**krājums** (*inventory*), **akcija** (*stock market*)
supplier	**piegādātājs**
technical	**tehnisks**
technology	**tehnoloģija**

testing	**izmēģinājums**
trade	**tirdzniecība**
translator	**tulks(tulce)**
way bill	**pavadzīme**

At a Meeting

agenda	**dienas kārtība**
budget	**budžets**
chairman	**priekšsēdētājs(-a)**
closing (*of a conference*)	**noslēgums**
committee	**komiteja**
conference	**konference**
to copy	**pavairot, kopēt**
council	**padome**
deadline	**pēdējais termiņš**
debate	**pārrunas, debates**
delegates	**delegāti**
discussion	**pārrunas, diskusija, debates**
document	**dokuments**
expenses	**izdevumi, izmaksas**
income	**ienākumi, peļņa**
to make a phone call	**pazvanīt**
meeting	**sēde, sanāksme, sapulce**
motion	**priekšlikums**
opening (*of a conference*)	**atklāšana**
participants	**dalībnieki**
to print	**printēt, drukāt**
proposal	**priekšlikums**
reception	**pieņemšana**
recess, break	**pārtraukums, pauze**
registration fee	**reģistrācijas maksa**
report	**referāts, atskaite**
to scan	**skenēt**
seminar	**seminārs**
speech	**runa**
translation	**tulkojums**
working group	**darba grupa**

Services

Hairdresser/Barber (Frizētava)

I need a haircut.
Man jāapgriež mati.

I'd like to make an appointment for a haircut at four
o'clock today.
Gribu sarunāt griezt matus šodien pulksten četros.

I'd like a shampoo and style.
Vēlos mazgāt un ieveidot matus.

I'd like a different style.
Vēlos mainīt frizūru.

What style would suit me?
Kāda frizūra man piestāvētu?

Please show me a picture.
Lūdzu parādiet man bildi.

I just need a trim.
Lūdzu tikai mazliet īsākus.

Take some off the sides/the back/the front.
Lūdzu apgrieziet īsākus sānos/aizmugurē/priekšā.

Cut it short.
Apgrieziet īsus.

Not too much.
Ne pārāk daudz.

A little shorter here, please.
Mazliet īsākus te, lūdzu.

I'd like a shave.
Es vēlos noskūties.

Please trim my beard/mustache.
Lūdzu apgrieziet man bārdu/ūsas.

Useful Words:

beard	**bārda**
brush	**suka;** *v.* **sukāt**
to color	**krāsot**
comb	**ķemme;** *v.* **ķemmēt**
to curl	**sasprogot**
curly hair	**sprogaini mati**
to cut	**griezt, apgriezt**
to dry	**žāvēt**
hair	**mati**
hairspray	**matu laka**
makeup	**kosmētika**
manicure	**manikīrs**
mustache	**ūsas**
nails	**nagi**
nail polish	**nagu laka**
nail polish remover	**nagu lakas noņēmējs**
pedicure	**pedikīrs**
perm	**ilgviļņi**
shampoo	**šampūns**
to shave	**skūt**
straight hair	**taisni mati**
style	*n.* **frizūra**
to trim	**apgriezt**

Shoe Repair (Apavu Labošana)

Can you fix these shoes/boots?
Vai jūs varat salabot šīs kurpes/šos zābakus?

They need a new sole.
Vajag jaunu zoli.

The heel is broken.
Papēdis ir nolūzis.

Can you do it while I wait?
Vai jūs varat izdarīt, kamēr es gaidu?

I need new shoelaces.
Man vajag jaunas kurpju auklas.

How much will it be?
Cik maksās?

Film & Camera (*Filma & Fotoaparāts*)

I need two passport photos.
Man vajag divas pases bildes.

Please develop this roll of film.
Lūdzu attīstiet šo filmiņu.

It's color/black-and-white film.
Tā ir krāsu/melnbaltā filma.

Matte or glossy finish?
Matētas vai glancētas bildes?

When will the pictures be ready?
Kad bildes būs gatavas?

I'd like to pick up my pictures.
Vēlos saņemt savas bildes.

Can you fix my camera?
Vai jūs varat salabot manu fotoaparātu?

It fell to the ground.
Tas nokrita zemē.

Laundromat (*Veļas Mazgātava*)

Where is the nearest laundromat?
Kur ir tuvākā veļas mazgātava?
(*Usually a laundromat will wash laundry for you. A dry-cleaner is called* **ķīmiskā tīrītava**.)

Please clean this suit.
Lūdzu iztīriet šo uzvalku.

When will it be ready?
Kad būs gatavs?

Please iron this shirt.
Lūdzu izgludiniet šo kreklu.

Sightseeing

What should I see in the city?
Ko man vajadzētu apskatīt pilsētā?

How old is this building?
Cik veca ir šī ēka?

May we go inside?
Vai drīkstam ieiet iekšā?

What time does the museum open/close?
Cikos muzejs atveras?/Cikos muzeju slēdz?

What are the hours of the museum?
Kas ir muzeja darba laiks?

What day is the museum closed?
Kurā dienā muzejs ir slēgts?

How much is admission?
Cik maksā ieeja?

Is there a discount for …?
Vai ir atlaide …?

>   …children?
>   **…bērniem?**

>   …students?
>   **…studentiem?**

>   …senior citizens?
>   **…pensionāriem?**

Admission is free.
Ieeja ir brīva.

I need an English-speaking guide.
Man vajag gidu, kas runā angliski.

Can I take photos?
Vai drīkstu fotografēt?

No cameras allowed.
Fotografēt aizliegts.

What time is the church service?
Cikos ir dievkalpojums?

How do I get to the Arona castle hill?
Kā var nokļūt līdz Aronas pilskalnam?

USEFUL WORDS:

architecture	**arhitektūra**
art	**māksla**
beach	**jūrmala** (*by the sea*), **ezermala** (*by a lake*)
boulevard	**bulvāris**
bridge	**tilts**
building	**nams, ēka, celtne**
castle	**pils** (*fem.*)
cemetery	**kapsēta** (*Cemeteries are considered almost like parks. They are beautifully kept and very nice places to take a walk.*)
century	**gadsimts, g.s.**
city center	**centrs, pilsētas centrs**
church	**baznīca**
city map	**pilsētas karte**
estate	**muiža**
exhibition	**izstāde**
gallery	**galerija**
garden	**dārzs**
government	**valdība**
guidebook	**ceļvedis**
handicrafts	**daiļamatniecība, rokdarbi**
house	**māja**

library	**bibliotēka**
manufacturing plant	**rūpnīca**
map	**karte**
market	**tirgus**
monument	**piemineklis**
museum	**muzejs**
nature preserve	**rezervāts**
old city	**vecpilsēta**
open-air museum	**brīvdabas muzejs**
outdoor amphitheater	**estrāde**
park	**parks** (*Walking on the grass in city parks is generally frowned upon—don't, unless you see locals doing it.*)
region	**rajons**
road	**ceļš**
school	**skola**
sculpture	**skulptūra**
sidewalk	**ietve, trotuārs**
square	**laukums**
street	**iela**
suburb	**priekšpilsēta**
theater	**teātris**
tower	**tornis**
university	**universitāte**
zoo	**zooloģiskais dārzs**

Shopping and Clothing

Food is usually cheaper at the markets, the largest of
which, Centrāltirgus, occupies five huge hangars at Prāgas
iela 1 near the bus station in Rīga. Rīga's Vidzemes tirgus
(also called Matīsa tirgus) in the courtyard of Matīsa iela 2
is of a more manageable size. Both are open every day,
except for the occasional day off for cleaning.

What day is the market?
Kurā dienā ir tirgus?

How much do you want?
Cik jūs vēlaties?

I'd like half a kilogram.
Vēlos puskilogramu.

100 grams, please.
Simts gramus, lūdzu.

More/less.
Vairāk/mazāk.

That's enough.
Pietiek.

That's good.
Labi.

Anything else?
Vai vēl kaut ko?

That's all.
Viss.

Would you like it wrapped?
Vai jūs vēlaties, lai ietin?

It's all sold out.
Viss izpārdots.

We don't have that. / There isn't any.
Mums tā nav. / Nav.

Please give me three flowers/bouquets. (*Always give an odd number of flowers, unless you're going to a funeral!*)
Lūdzu trīs ziedus/pušķus.

Some stores may have this sign at the entrance:
Lūdzu uzrādīt citos veikalos pirktās preces.
Please show articles bought at other stores.

Where can I buy _____?
Kur var nopirkt _____?

Can I help you?
Kā varu jums palīdzēt? (*You may also hear just:* **Lūdzu?**)

I'm just looking/browsing.
Es tikai skatos.

I'm looking for _____.
Es meklēju _____.

I need _____.
Man vajag _____.

Do you have _____?
Vai jums ir _____?

How much does it cost?
Cik maksā?

Is tax included?
Vai nodoklis ir ieskaitīts?

Do you accept traveller's checks/credit cards?
Vai jūs pieņemat ceļojuma čekus/kredītkartes?

The receipt, please.
Lūdzu kvīti.

I'd like to see that one.
Es vēlos to apskatīt.

Not that one.
Ne to.

The other one.
Otro.

A different one.
Citu.

Similar to this.
Līdzīgu šim.

Smaller/larger.
Mazāku/lielāku.

A different color.
Citā krāsā.

May I try it on?
Vai drīkstu uzlaikot?

It does not fit me.
Man neder.

I'll buy it.
Es to pirkšu.

May I exchange this?
Vai varu šo apmainīt pret citu?

<u>USEFUL WORDS</u>:

bag	**maisiņš**
bill	**rēķins**
book store	**grāmatveikals**
to buy	**pirkt**
cash register	**kase**
cashier	**kasieris(-e)**
cheap, inexpensive	**lēts**
department store	**universālveikals**
dressing room	**ģērbtuve, uzlaikošanas kabīne**
to exchange	**apmainīt, izmainīt**
expensive	**dārgs**
fitting room	**ģērbtuve, uzlaikošanas kabīne**
grocery store	**pārtikas veikals**
to pay	**maksāt**
price	**cena**
receipt	**kvīts** (*fem.*), **čeks**
return	**atdot atpakaļ**
sale	**izpārdošana, pazeminātas cenas** (*literally:* lowered prices)
salesperson	**pārdevējs(-a)**
to sell	**pārdot**
size	**lielums**
souvenir shop	**suvenīru veikals**
store, shop	**veikals**
market	**tirgus**

Clothing (Apģērbi)

belt	**josta** (*for women*), **siksna** (*for men*)
blouse	**blūze**
boots	**zābaki**
button	**poga**
coat	**mētelis**
double-breasted suitcoat	**divrindu žakete**

dress	**kleita**
ethnic costume	**tautastērps**
gloves	**cimdi, pirkstaiņi**
hat, cap	**cepure**
hood	**kapuce**
jacket	**jaka**
jeans	**džinsi**
long-sleeved	**ar garām piedurknēm**
mittens	**cimdi, dūraiņi**
necktie	**kaklasaite**
underwear	**apakšveļa**
pants	**bikses**
pantyhose	**zeķbikses**
pajamas	**pidžama**
raincoat	**lietusmētelis**
sandals	**sandales**
scarf	**lakats, šalle** (*for winter*)
short-sleeved	**ar īsām piedurknēm**
single-breasted suitcoat	**vienrindas žakete**
shoes	**kurpes**
shorts	**šorti**
size	**lielums**
skirt	**bruncis, svārki**
sleeve	**piedurkne**
sleeveless	**bez piedurknēm**
slippers	**čības**
socks	**zeķes**
suit	**kostīms** (*for women*), **uzvalks** (*for men*)
sweater	**džemperis**
swim suit	**peldkostīms**
tie	**kakla saite, šlipse**
trousers	**bikses**
underwear	**apakšveļa, veļa**
vest	**veste**
zipper	**rāvējslēdzējs**

More shopping words:

amber	**dzintars**
basket	**grozs**
blanket	**sega**
books	**grāmatas**
bracelet	**aproce, rokassprādze**
cosmetics	**kosmētika, parfimērija**
earrings	**auskari**
ethnic ties	**prievītes**
hand-made	**roku darbs**
jewelry	**rotaslietas, dārglietas, juvelieru izstrādājumi**
knitted	**adīts**
leather	**āda**
necklace	**kaklarota, krelles**
pendant	**piekariņš, kulons**
perfumes	**smaržas, parfimērija**
plastic	**plastmasa**
pottery	**keramika, māla trauki**
ring	**gredzens**
sash	**josta**
silver	**sudrabs**
sporting goods	**sporta preces**
tablecloth	**galdauts**
toys	**rotaļlietas**
umbrella	**lietussargs**
vase	**vāze**
wood	**koks**
woven	**austs**

Entertainment

What is showing tonight?
Ko šovakar rāda?

How much do tickets cost?
Cik maksā biļetes?

I'd like to buy a ticket for the 8 o'clock performance
    tonight.
Vēlos pirkt biļeti uz šodienas izrādi pulksten astoņos.

When does the … begin?
Cikos sākas …?

   …performance…
   …izrāde…

   …theater…
   …teātris…

   …concert…
   …koncerts…

   …movie…
   …filma…

Two tickets for _____, please.
Lūdzu divas biļetes uz _____.

Is there an intermission?
Vai ir starpbrīdis/pauze?

What language is the movie in?
Kādā valodā ir filma?

Does the movie have subtitles?
Vai filmai ir subtitri?

Useful Words:

ballet	**balets**
bar (tavern)	**krogs**
billiards	**biljards**
casino	**kazino**
cinema, movie theater	**kino**
concert	**koncerts**
to dance	**dejot, dancot**
discotheque, dance club	**diskotēka, klubs**
film	**filma**
happy hour	**atlaižu stunda**
nightclub	**naktsklubs**
opera	**opera**
orchestra	**orķestris**
play	**luga**
slot machines	**spēļu automāti**
theater	**teātris**

Let's go out to dinner.
Aiziesim vakariņās!
Vai jūs negribētu aiziet vakariņās? (*Literally*:
   Wouldn't you like to go to dinner?)
Gribētu jūs uzaicināt vakariņās. (*Literally*: I'd like to
   invite you to dinner. *Implies that you will pay.*)

Would you like to see a movie with me?
Vai jūs gribētu aiziet ar mani uz kino?

Would you like to go dancing?
Vai jūs gribētu iet dejot?

Can you recommend a good place to go dancing?
Vai varat ieteikt labu vietu, kur iet dejot?

What kind of music is played there?
Kādu mūziku tur spēlē?

I'm looking for something calmer/more modern.
Es meklēju kaut ko mierīgāku/modernāku.

May I ask you for a dance?
Vai drīkstu uzlūgt uz deju?

I'm sorry, I don't dance.
Atvainojiet, es nedejoju.

Recreation, Nature, Sports, Camping

What are your hobbies?
Kādi ir jūsu hobiji?
Or: **Ko jūs darāt brīvajā laikā?** (*Literally*: What do
  you do in your free time?)

What sports do you like?
Kādi sporta veidi jums patīk?

Let's go to the beach (by the sea/by the lake).
Brauksim uz jūrmalu/ezermalu.

Is it safe to swim here?
Vai te ir droši peldēt?

Can I fish in this lake?
Vai drīkstu šajā ezerā makšķerēt?

Where can I get a fishing permit?
Kur es varu dabūt makšķerēšanas atļauju?

Do you offer tennis lessons?
Vai jūs piedāvājat tenisa stundas?

I'd like to rent skis and ski boots.
Es gribētu īrēt slēpes un slēpošanas zābakus.

<u>Useful Words</u>:

accordion	**akordeons**
basketball	**basketbols**
beach	**jūrmala** (*by the sea*), **ezermala** (*by a lake*)
bicycle	**divritenis, velosipēds**
bicycle rental	**velosipēdu noma**
bird watching	**putnu vērošana**
boat	**laiva**

boat rental	**laivu noma**
bowling	**boulings**
to bowl	**iet spēlēt boulingu**
canoe	**kanoe laiva, kanoe**
chess	**šahs**
cross-country skiing	**apvidus slēpošana**
drawing	**zīmēšana**
figure skating	**daiļslidošana**
fishing	**makšķerēšana**
flute	**flauta**
golf	**golfs**
guitar	**ģitāra**
high tide	**paisums**
hike	*n.* **pastaiga, pārgājiens;**
	v. **staigāt, iet pārgājienā**
horn	**taure**
horseback riding	**zirgu izjādes**
to hunt	**medīt**
hunting	**medības**
ice hockey	**hokejs**
lessons	**stundas**
life guard	**glābšanas dienests, glābējs**
low tide	**bēgums**
martial arts	**austrumu cīņas**
mountain climbing	**kalnākāpšana**
music	**mūzika**
musical instruments	**mūzikas instrumenti**
nature reserve	**rezervāts**
piano	**klavieres**
reading	**lasīšana**
resort	**atpūtas bāze,**
	slēpošanas bāze (*ski*)
sailboat	**burulaiva**
to skate	**slidot**
skates	**slidas**
skating	**slidošana**
to ski	**slēpot**
skiing	**slēpošana**
skis	**slēpes**

sleigh (wagon) rides	**vizināšanās kamanās (ratos)**
snow board	**sniegadēlis, snovbords**
soccer	**futbols**
sports	**sports, sporta spēles**
to swim	**peldēt**
swimming	**peldēšana**
swimming pool	**peldbaseins**
tennis	**teniss**
trail	**taka**
violin	**vijole**
volleyball	**volejbols**
weightlifting	**svarcelšana**
wind surfing	**braukt ar vēja dēli, vindsērfings**
winter sports	**ziemas sporta veidi**

Camping

Is there a campground nearby?
Vai šeit tuvumā ir kempings (nometnes vieta)?

May we set up a tent here?
Vai drīkstam te uzstādīt telti?

How much does it cost per day/week?
Cik tas maksā dienā/nedēļā?

Where do we pay?
Kur lai maksājam?

I'd like a better spot.
Es vēlos labāku vietu.

Are there showers?
Vai ir dušas?

USEFUL WORDS:

to camp	**nakšņot teltīs, dzīvot kempingā, dzīvot nometnē**
campground	**kempings, nometnes vieta**
comforts	**ērtības**
country house	**lauku māja**
deposit	**iemaksa**
distance from Riga	**attālums no Rīgas**
dry toilet	**sausā tualete**
each room has its own toilet and shower	**katrai istabai sava tualete un duša**
flush toilet	**ūdens tualete** (*The abbreviation* WC *for water closet is also common.*)
guesthouse	**viesu māja**
guests	**viesi**
hosts	**saimnieki**
mobile home	**autofurgons**
nearest bus stop	**tuvākā autobusa pietura**
nearest train station	**tuvākā dzelzceļa stacija**
no pets allowed	**mājdzīvnieki aizliegti**
open from/to	**atvērts no/līdz, viesus uzņem no/līdz**
optional meals	**iespējams pasūtīt maltītes**
outhouse	**āra tualete**
outside toilet facilities	**tualete ārpus mājas, āra tualete**
price reductions in the off season	**atlaide klusajā sezonā**
rooms for festivities	**telpas svinībām**
rooms/halls for seminars	**telpas semināriem/ sanāksmēm**
sauna	**somu pirts** (*fem.*), **sauna**
shower	**duša**
sleeping bag	**guļammaiss**
tent	**telts**

Post Office, Telephone, Computer

What are the hours for the post office?
Kāds ir pasta darba laiks?

Where is the nearest mail box?
Kur ir tuvākā pastkastīte?

How much is postage for a letter (postcard) to the
   United States?
Cik maksā marka vēstulei (atklātnei) uz ASV
   (*pronounced:* ah-ess-veh)**?**

I need four of those stamps.
Man vajag četras tādas pastmarkas.

USEFUL WORDS:

air mail	**gaisa pasts, aviopasts**
envelope	**aploksne**
letter	**vēstule**
package	**paka**
post office	**pasts, pasta nodaļa**
postcard	**atklātne, pastkartīte**
stamp	**pastmarka**

A telephone is called both **telefons** and **tālrunis**. Buy a
pre-paid phone card (**telekarte**) in any of several denom-
inations at a kiosk to use at pay phones. Phone cards and
booths can also be used to make international calls. Cell
phones are very popular, and you can buy special cards
("Zelta zivtiņa" or "O-Karte") at kiosks to add minutes to
cell phones.

From where can I make a phone call?
No kurienes es varētu piezvanīt?

POST OFFICE, TELEPHONE, COMPUTER

I'd like to place a call to Canada/an international call.
Vēlos piezvanīt uz Kanādu/ārzemēm.

May I use your telephone?
Vai drīkstu lietot jūsu telefonu?

How do I use this phone?
Kā lieto šo telefonu?

What's your phone number?
Kāds ir jūsu telefona numurs?

My phone number is _____.
Mans telefona numurs ir _____.

My cell phone number is _____.
Mans mobilā numurs ir _____.

I cannot get through.
Nesavienojas.

The telephone is not working.
Telefons nestrādā.

I'll get it.
Es pacelšu.
(*Often people will answer the phone with* **Hallo***? or just* **Jā***?*)

Hello, this is _____.
Labdien, mani sauc _____.
(*Locals will sometimes say* **Jūs traucē** _____.
(_____ *is bothering you.*).)

May I please speak to _____?
Vai varētu lūdzu runāt ar _____?

Just a minute.
Vienu mirkli.

Speaking.
Klausos. (*Literally*: I'm listening.)

He (she) is not here. May I take a message?
Viņa (viņas) te nav. Vai varu viņam (viņai) atstāt ziņu?

Tell him (her) that _____ called.
Pasakiet, ka _____ zvanīja.

Tell him (her) to call me.
Pasakiet, lai viņš (viņa) man piezvana.

I'll call back again later.
Piezvanīšu atkal vēlāk.

You have the wrong number.
Jums ir nepareizs savienojums.

Please speak louder.
Runājiet skaļāk, lūdzu.

Please repeat that.
Atkārtojiet, lūdzu.

We were disconnected.
Mūs atvienoja.

USEFUL WORDS:

to answer the phone	**atbildēt uz zvanu**
busy	**aizņemts**
to call	**zvanīt**
cell phone	**mobilais, mobilais telefons**
to dial a number	**uzgriezt numuru**
fax	**fakss**
to fax	**sūtīt faksu**
to hang up	**nolikt klausuli**
operator	**telefonu centrāle, operators**

pay phone, phone booth	**maksas telefons**
phone book	**telefona grāmata**
phone card	**telekarte, telefona karte**
ring	**zvans**
to ring	**zvanīt**
to talk on the phone	**runāt pa telefonu**
telephone booth	**maksas telefons**
text message	**tsziņa**
toll-free phone number	**bezmaksas tālrunis**

Do you have a computer?
Vai jums ir dators?

How much do you charge per minute/per hour?
Cik jāmaksā par minūti/par stundu?

May I go on-line?
Vai drīkstu pieslēgties internetam?

I'd like to check my e-mail, please.
Es gribētu apskatīt savu e-pastu, lūdzu.

What's your e-mail address?
Kāda ir jūsu e-pasta adrese?

Can I print this out?
Vai es drīkstu šo izdrukāt/izprintēt?

How do I scan this in?
Kā lai es šo ieskenēju?

Do you have a blank floppy disk/blank CD?
Vai jums ir tukša diskete/tukšs kompaktdisks?

Which icon should I click?
Kurai ikonai, lai es uzklikšķinu?

It doesn't work.
Nestrādā.

Useful Words:

computer	**dators**
disc	**disks**
dot, period	**punkts**
e-mail	**e-pasts**
to go on-line	**pieslēgties internetam**
hook-up	**savienojums**
ink jet printer	**tintes printeris**
internet	**internets**
internet café	**interneta kafejnīca**
key (keyboard)	**taustiņš**
laptop	**portatīvais dators,**
	pārnēsājamais dators
laser printer	**lāzerprinteris**
modem	**modems**
password	**parole**
to print	**printēt, drukāt**
printer	**printeris**
to save	**saglabāt**
to scan	**skenēt**
scanner	**skeneris**
web page	**mājas lapa,**
	interneta mājas lapa

@ (*in an e-mail address*)—*As of yet, there is no standard translation for* "@," *or* "at." *Some people say* "**at**" *in English, some write the symbol in the air with a finger.*

Conversation

To say Mr., Mrs., or Miss, first say the last name with the genitive ending, then add the title. Mr. Kalniņš is **Kalniņa kungs**, Mrs. Bērziņa is **Bērziņa kundze**, and Miss Muceniece is **Mucenieka jaunkundze**. Latvian surnames have both masculine and feminine versions, depending on the gender of their owners/carriers. As with nouns, the masculine versions end in *–s* or *–š*, the feminine in *–a* or *–e*. The name being a very personal thing, there are, of course, women who wish to retain the masculine ending, and families who do not put a masculine ending on a surname that is an inherently feminine noun (ex., **Liepa**).

What's your name?
Kā jūs sauc?

My name is _____.
Mani sauc _____.

This is my husband/wife/friend, _____.
Šis(šī) ir mans(-a) vīrs/sieva/draugs/draudzene,

 _____.

Pleased to meet you.
Priecājos. or **Prieks iepazīties.**

How are you?
Kā jums klājas? *Or:* **Kā jums iet?**

I'm fine, thank you.
Paldies, labi.
(**Paldies**: *Stress on second syllable.*)

And you?
Un jums?

I'm fine, too.
Arī labi.

So-so.
Nu, tā.

Who's there?
Kas tur ir?

Come in, please.
Ienāciet lūdzu.

Sorry I'm late.
Atvainojiet, ka nokavējos.

May I?
Vai drīkstu?

May I sit here?
Vai drīkstu šeit apsēsties?

May I smoke here?
Vai drīkstu šeit smēķēt?

Cheers!
Priekā!

To your health!
Uz jūsu veselību!

To happiness!
Uz laimi!

Could you please help me?
Vai jūs lūdzu varētu man palīdzēt?

What does this/that mean?
Ko šis/tas nozīmē?

How do you say that in English?
Kā to saka angliski?

How do I get there?
Kā es tur varu nokļūt?

What's that?
Kas tas ir?

What are you doing?
Ko jūs darāt?

What do you want?
Ko jūs gribat?

Where do you live?
Kur jūs dzīvojat?

I live in an apartment/in a house.
Es dzīvoju dzīvoklī/mājā.

I'm from _____.
Es esmu no _____.

I'm here on vacation/on business.
Esmu te atvaļinājumā/darba komandējumā.

Currently I'm staying at _____.
Pašreiz palieku pie _____. (**Pie** *is used when referring to someone's house. Omit* **pie** *if you're saying the name of a hotel, for instance, but then use the locative case, . . .* **viesnīcā.**)

My address is _____.
Mana adrese ir _____.

How old are you?
Cik jums gadu?

When is your birthday?
Kad ir jūsu dzimšanas diena?

I was born on May 24, 1970.
**Es esmu dzimis(dzimusi) tūkstoš deviņsimt
    septiņdesmitā gada divdesmitceturtajā maijā.**

Are you married?
Vai jūs esat precējies(precējusies)?

I'm …
Es esmu …

> …single.
> **…neprecējies(neprecējusies).**

> …divorced.
> **…šķīries(šķīrusies).**

> …a widower(widow).
> **…atraitnis(atraitne).**

Do you have children?
Vai jums ir bērni?

I have no children.
Man nav bērnu.

What's your profession?
Kāda ir jūsu profesija?

I work in a hospital.
Es strādāju slimnīcā.

How much do you earn? (*Not an uncommon question in
    Latvia. The answer will most likely be a monthly*
    (**mēnešalga**), *rather than annual, salary.*)
Cik jūs pelnāt?

I'm going to school.
Es eju skolā. *Or:* **Es studēju** (*at a university or college*).

What are you studying?
Ko jūs sudējat?

What are your hobbies?
Kādi ir jūsu hobiji?
Or: **Ko jūs darāt brīvajā laikā?** (*Literally:* What do
you do in your free time?)

What is your religion?
Kāda ir jūsu ticība?

I'm a Lutheran/Catholic/an Orthodox.
Esmu luterānis(-e)/katolis(-iete)/pareizticīgais(-ā).

What are your impressions of Latvia?
Kādi ir jūsu iespaidi par Latviju?

I like/I don't like _____.
Man patīk/Man nepatīk _____.

What do you think about _____?
Ko jūs domājat par _____?

I think that _____.
Es domāju, ka _____.

It seems to me that _____.
Man liekas, ka _____.

Let's meet again!
Satiksimies vēlreiz!

Where/When shall we meet?
Kur/Kad satiksimies?

Bon voyage!
Laimīgu ceļu!

Useful Words and Phrases:

good	**labi**
I agree	**piekrītu**
I don't agree	**nepiekrītu**
I refuse	**es atsakos**
is that so?	**ak tā?**
of course	**protams**
OK	**labi**
with pleasure	**ar prieku**
you're right	**jums taisnība**

Weather

Temperatures are expressed in degrees Celsius. It's a good idea to always carry an umbrella with you and expect rain even if the morning is sunny.

What's the weather like today?
Kāds šodien laiks?

The sun is shining.
Saule spīd.

It's raining.
Līst.

It's drizzling.
Līņā.

It's snowing.
Snieg.

What's the forecast for tomorrow/Saturday?
Kādu laiku pareģo rītdienai/sestdienai?

I'm cold. I'm freezing.
Man ir auksti. Man salst.

I'm warm.
Man ir silti.

It's cold/warm here.
Šeit ir auksts/silts.

USEFUL WORDS:

calm	**mierīgs**
cloud	**mākonis**
cloudy	**mākoņains**

cold	**auksts**
cool	**vēss**
degrees	**grādi**
dew	**rasa**
dreary	**drēgns** (*cold and wet*)
dull	**pelēks**
fog	**migla**
foggy	**miglains**
frost	**salna, sals**
hail	**krusa**
hot	**karsts**
humid	**mikls, sutīgs** (*hot and humid*)
ice	**ledus**
lightning	**zibens**
overcast	**apmācies**
rain	**lietus**
slippery	**slidens**
snow	**sniegs**
snow storm	**putenis**
storm	**vētra**
temperature	**temperatūra**
thaw *n.*	**atkusnis**
thunder	**pērkons**
thunderstorm	**negaiss**
warm	**silts**
weather forecast	**laika prognoze**
wet	**mitrs**
wind	**vējš**
windy	**vējains**

Health

I don't feel well.
Es nejūtos labi.

Is there a doctor here?
Vai te ir ārsts?

Please call a doctor/ambulance.
Lūdzu izsauciet ārstu/ātro palīdzību.

I have a cold.
Es esmu saaukstējies(saaukstējusies).

I am diabetic.
Man ir cukurslimība.

I am pregnant.
Esmu stāvoklī.

I feel nauseous.
Man ir nelaba dūša.

I feel dizzy.
Man reibst galva.

I feel faint.
Es ģībšu.

I have a cough/temperature.
Man ir klepus/temperatūra.

My _____ hurts/aches.
Man sāp _____.

I hurt my _____.
Es ievainoju _____.

I fell.
Es kritu.

Body Parts

ankle	**potīte**
appendix	**aklā zarna**
arm	**roka**
armpit	**paduse**
back	**mugura**
bladder	**pūslis**
blood	**asins** (*fem.*)
body	**ķermenis, augums**
bone	**kauls**
brain	**smadzenes**
breast	**krūts** (*fem.*)
cheek	**vaigs**
chest	**krūtis**
chin	**zods**
ear	**auss** (*fem.*)
elbow	**elkonis**
eye	**acs** (*fem.*)
eyebrow	**uzacs** (*fem.*)
eyelash	**skropsta**
eyelid	**plakstiņš**
face	**seja**
finger	**pirksts**
fingernail	**nags**
foot	**pēda**
forehead	**piere**
gall bladder	**žultspūslis**
hand	**plauksta** (*palm*)**, roka**
head	**galva**
heart	**sirds** (*fem.*)
heel	**papēdis**
hip	**gurns, gūža**
intestine	**zarna**
jaw	**žoklis**
joint	**locītava**

kidneys	**nieres**
knee	**celis**
leg	**kāja**
lip	**lūpa**
liver	**aknas**
lungs	**plaušas**
mouth	**mute**
muscle	**muskulis**
nail	**nags**
navel	**naba**
neck	**kakls**
nerve	**nervs**
nose	**deguns**
nostril	**nāss** (*fem.*)
rib	**riba**
saliva	**siekalas**
shoulder	**plecs**
skin	**āda**
spine	**mugurkauls**
stomach	**vēders, kuņģis, māga**
temple	**deniņi**
thigh	**ciska**
throat	**rīkle**
thumb	**īkšķis**
toe	**kājas pirksts**
tongue	**mēle**
tooth	**zobs**
uterus	**dzemde**
vein	**vēna**

Is it serious?
Vai tas ir nopietni?

I have something in my eye.
Man ir kaut kas acī.

I'm allergic to …
Esmu alerģisks(-a) pret …

…cats.
…kaķiem.

…dairy.
…piena produktiem.

…dust.
…putekļiem.

…nuts.
…riekstiem.

…peanuts.
…zemes riekstiem.

…pollen.
…ziedputekšņiem.

…wheat.
…kviešiem.

I'm taking these medications.
Es lietoju šīs zāles.

I have been vaccinated against _____.
Esmu potēts(-a) pret _____.

Is there a doctor who specializes in treating foreigners?
Vai ir ārsts, kas specializējas ārzemnieku ārstēšanā?

Is there a doctor who speaks English?
Vai ir ārsts, kas runā angliski?

My glasses broke.
Man saplīsa brilles.

I lost a contact.
Man pazuda kontaktlēca.

Please fill this prescription.
Es gribētu zāles pēc šīs receptes, lūdzu.

When will it be ready?
Kad būs gatavas?

How often do I take this medicine?
Cik bieži man jālieto šīs zāles?

How many tablets?
Cik tabletes?

I need something for a headache.
Man vajag zāles galvassāpēm.

Is this safe for children?
Vai šīs zāles ir drošas bērniem?

I feel better/worse.
Es jūtos labāk/sliktāk.

Useful Words:

after meals	**pēc ēšanas**
antibiotic	**antibiotika**
appendicitis	**apendicīts, aklās zarnas iekaisums**
appointment	**vizīte, pieraksts**
arthritis	**artrīts**
asthma	**astma**
back pain	**mugursāpes**
before meals	**pirms ēšanas**
biopsy	**biopsija**
birth control pill	**pretapaugļošanās tablete**
blood pressure	**asinsspiediens** (*high* **augsts**, *low* **zems**)

blood test	**asinsanalīze**
bronchitis	**bronhīts**
burn	**apdegums**
cancer	**vēzis, audzējs**
clinic	**poliklīnika, klīnika**
compress	**komprese**
cold *n.*	**iesnas**
constipation	**aizcietējums, aizcietējis vēders**
contact lenses	**kontaktlēcas** (*soft* **mīkstas,** *hard* **cietas**)
cough	**klepus**
crown (*dental*)	**kronītis, kronis**
crutch	**kruķis**
dentist	**zobārsts(-e), stomatologs(-e)**
diabetes	**cukurslimība**
diabetic	*n.* **cukurslimnieks;** *adj.* **diabētisks**
diarrhea	**careja**
disease, sickness	**slimība**
dizziness	**reibonis**
doctor	**ārsts(-e)**
doctor's office	**ārsta kabinets**
drops	**pilieni**
epilepsy	**krītamā kaite, epilepsija**
eye doctor	**acu ārsts(-e)**
to faint	**ģībt**
fever	**drudzis, augsta temperatūra**
filling (*dental*)	**plomba**
first aid	**pirmā palīdzība**
flu	**gripa**
food poisoning	**saindēšanās**
fracture	**lūzums**
glasses	**brilles**
headache	**galvassāpes**
to heal	**sadzīt**
heart attack	**infarkts, sirdstrieka**
heart disease	**sirdskaite**
hepatitis	**dzeltenā kaite**
hernia	**bruka**

hospital	**slimnīca**
infected	**iekaisis**
infection	**iekaisums**
injection	**injekcija**
injury	**ievainojums**
intensive care unit	**reanimācija**
to itch	**niezēt**
medicine	**zāles**
midwife	**vecmāte**
nurse	**medmāsa**
on an empty stomach	**tukšā dūšā**
operate	**operēt**
operation	**operācija**
pain	**sāpes**
paralyzed	**paralizēts**
patient	**slimnieks, pacients**
penicillin	**penicilīns**
pharmacy	**aptieka**
pneumonia	**plaušu karsonis, pneimonija**
poison	**inde**
pregnancy	**grūtniecība**
prescription	**recepte**
pulse	**pulss**
rabies	**trakumsērga**
rash	**iekaisums, izsitumi**
rheumatism	**reimatisms**
sick	**slims**
sore	**sāpīgs**
sprain	**izmežģījums**
stroke	**smadzeņu trieka, insults**
surgeon	**ķirurgs(-e)**
surgery	**operācija**
swollen	**uztūcis**
tablet	**tablete**
temperature	**temperatūra**
tooth ache	**zobu sāpes**
tuberculosis	**tuberkuloze**
tumor	**audzējs**

ulcer	**kuņģa jēlums, kuņģa čūla**
ultrasound	**ultraskaņa**
unconscious	**bezsamaņā**
urine	**urīns**
vaccine	**pote**
virus	**vīruss**
to vomit	**vemt**
wound	**brūce**
x-ray	**rentgens**

Numbers

Several of the cardinal numbers have masculine and feminine endings depending on the gender of the object being counted; they are conjugated like indefinite adjectives. All ordinal numbers have masculine and feminine endings, which are conjugated like definite adjectives. As usual, the masculine is the default ending here; feminine endings are given in parentheses. Anything ending with 1 will always be singular.

	Cardinal		*Ordinal*	
0	nulle			
1	viens	(viena)	pirmais	(pirmā)
2	divi	(divas)	otrais	(otrā)
3	trīs		trešais	(trešā)
4	četri	(četras)	ceturtais	(ceturtā)
5	pieci	(piecas)	piektais	(piektā)
6	seši	(sešas)	sestais	(sestā)
7	septiņi	(septiņas)	septītais	(septītā)
8	astoņi	(astoņas)	astotais	(astotā)
9	deviņi	(deviņas)	devītais	(devītā)
10	desmit		desmitais	(desmitā)

For the teens, add **–padsmit** to the root:

11	vienpadsmit	vienpadsmitais	(vienpadsmitā)
12	divpadsmit	divpadsmitais	(divpadsmitā)
13	trīspadsmit	etc.	
14	četrpadsmit		
15	piecpadsmit		
16	sešpadsmit		
17	septiņpadsmit		
18	astoņpadsmit		
19	deviņpadsmit		

For multiples of ten, add **–desmit** to the root:

20	divdesmit	divdesmitais	(divdesmitā)
30	trīsdesmit	trīsdesmitais	(trīsdesmitā)
40	četrdesmit	etc.	

50	**piecdesmit**	
60	**sešdesmit**	
70	**septiņdesmit**	
80	**astoņdesmit**	
90	**deviņdesmit**	

21	**divdesmit viens** **(-viena)**	**divdesmit pirmais** **(...pirmā)**
22	**divdesmit divi** **(-divas)**	etc.
23	**divdesmit trīs**	

100	**simts**	**simtais (simtā)**
101	**simt viens** **(simt viena)**	**simt pirmais (...pirmā)**
101	**simt divi** **(simt divas)**	etc.
102	**simt trīs**	
110	**simt desmit**	
111	**simt vienpadsmit**	
112	**simt divpadsmit**	
120	**simt divdesmit**	
121	**simt divdesmit viens**	
etc.		

200	**divi simti, divsimt**
201	**divsimt viens**
300	**trīs simti, trīssimt**
500	**pieci simti, piecsimt**

1000	**tūkstotis**	**tūkstošais** (**tūkstošā**)
1001	**tūkstoš viens** **(tūkstoš viena)**	**tūkstoš pirmais (...pirmā)**
1047	**tūkstoš četrdesmit** etc. **septiņi (-septiņas)**	
1548	**tūkstoš piecsimt četrdesmit astoņi (-astoņas)**	

2000 **divi tūkstoši,** *also* **divtūkstoš** (*when more numbers coming*)

2974 **divtūkstoš deviņsimt septiņdesmit četri (-četras)**

10,000 **desmit tūkstoši**
100,000 **simts tūkstoši**
million **miljons** **miljonais** **(miljonā)**
billion **miljards** **miljardais** **(miljardā)**
*(A period is often used for marking thousands, so 10.000
is ten thousand.)*

once	**vienreiz**
twice	**divreiz**
three times	**trīsreiz**
half	**puse, pus-**
a third	**trešdaļa**
a fourth	**ceturtdaļa**
one and a half	**pusotrs**
a pair	**pāris**
a dozen	**ducis**
whole	**vesels**

Time

What time is it?
Cik ir pulkstenis?

It is four o'clock.
Pulkstenis ir četri.

Using **pulkstenis ir** is the proper whole sentence. It is perfectly fine to answer with just the number. Latvians tend to use the 24-hour clock. For example, 20:00 is 8 P.M. and 00-24 means "open 24 hours."

Although everyone will understand **deviņi trīsdesmit** (nine thirty), it is more common to say "half (the next hour)" for "half past," so, **pusdesmit** for nine thirty; (*Literally:* half of ten).

It is one thirty.
Pulkstenis ir pusdivi.

Fifteen minutes to six.
Bez piecpadsmit seši.

Fifteen minutes after nine.
Piecpadsmit pāri deviņiem.

Ten to twelve.
Bez desmit divpadsmit. (*Literally*: Twelve without ten.)

What time does _____ start?
Cikos sākas _____?

_____ starts at eight o'clock.
_____ sākas pulksten astoņos.

I would like to wake up at six thirty.
Gribētu celties pusseptiņos.

TIME

What day will the concert be? Friday.
Kurā dienā būs koncerts? Piektdien.

Useful Words:

hour	**stunda**
minute	**minūte**
second	**sekunde**
day	**diena**
a quarter	**ceturksnis**
morning	**rīts**
noon	**pusdienas laiks**
afternoon	**pēcpusdiena**
evening	**vakars**
midnight	**pusnakts**
today	**šodien**
this morning	**šorīt**
this evening	**šovakar**
yesterday	**vakar**
yesterday morning	**vakar no rīta**
yesterday evening	**vakar vakarā**
tomorrow	**rīt**
tomorrow morning	**rīt no rīta**
tomorrow evening	**rītvakar**
the day before yesterday	**aizvakar**
the day after tomorrow	**parīt**
every day	**katru dienu**
all day	**visu dienu**
week	**nedēļa**
this week	**šonedēļ**
last week	**pagājušā nedēļa**
month	**mēnesis**
next week	**nākošā nedēļa**
year	**gads**
last year	**pagājušais gads**
three years ago	**pirms trim gadiem**

next year	**nākošais gads**
century	**gadsimts, g.s.**
early	**agri**
late	**vēlu**
on time	**laikā**
later	**vēlāk**
soon	**drīz**
now	**tagad**

summer	**vasara**
fall	**rudens**
winter	**ziema**
spring	**pavasaris**

Monday	**pirmdiena**
Tuesday	**otrdiena**
Wednesday	**trešdiena**
Thursday	**ceturtdiena**
Friday	**piektdiena**
Saturday	**sestdiena**
Sunday	**svētdiena**

January	**janvāris**
February	**februāris**
March	**marts**
April	**aprīlis**
May	**maijs**
June	**jūnijs**
July	**jūlijs**
August	**augusts**
September	**septembris**
October	**oktobris**
November	**novembris**
December	**decembris**

Dates:

July 1
1. jūlijs (pirmais jūlijs)

December 18, 2003
2003.g. 18. decembris (divtūkstoš trešā gada astoņpadsmitais decembris)

A period after a number makes it ordinal. When only numbers are used, dates are written progressing from the smallest to the largest unit, for example, **18.12.2003** *(December 18, 2003)*. To avoid confusion the month is sometimes written as a Roman numeral, for example, **1.VII**. *(July 1)*.

Colors

All the colors are adjectives, and therefore all except **lillā** and **rozā** have both masculine and feminine endings, depending on the gender of the noun described. For feminine singular endings, replace the last *–s* with an *–a*.

black	**melns**
blue	**zils**
brown	**brūns**
checkered	**rūtains**
dark _____	**tumši _____**
flowered	**puķains**
gray	**pelēks**
green	**zaļš**
light _____	**gaiši _____**
multi-colored	**raibs**
orange	**oranžs**
pink	**rozā**
purple	**purpurs, purpursarkans**
red	**sarkans**
striped	**strīpains, svītrains**
violet	**violets, lillā**
white	**balts**
yellow	**dzeltens**

Measurements

Latvia uses the metric system. Equivalents here are rounded off for easier conversion. Note that in Latvia a comma is used in decimal numbers, rather than a period. For example, 0.6 and 12.5 are written as **0,6** and **12,5** respectively. A period instead is sometimes used for marking thousands, so **10.000** is ten thousand.

millimeter **milimetrs**
centimeter **centimetrs** (1 cm = .4 inch)
meter **metrs** (1 m = 39 inches or 3.3 feet)
kilometer **kilometrs** (1 km = .6 mile)
inch **colla** (1 inch = 2.5 cm)
foot **pēda** (1 foot = 30.5 cm)
mile **jūdze** (1 mile = 1.6 km)

gram **grams** (1 g = .03 oz.)
kilogram **kilograms** (1 kg = 2.2 lbs.) (500 g = ½ kg = ~1 lb.)
ounce **unce** (1 oz. = 28 g)
pound **mārciņa** (1 lb. = 453 g = .45 kg)

milliliter **mililitrs**
liter **litrs** (1 liter = 2 pints = 1 quart)
pint **pinte** (1 pint = .5 l)
gallon **galons** (1 gal. = 4.5 l)
hectare **hektārs** (1 ha = 2.5 acre)
acre **akrs** (1 acre = .4 ha)

celsius **celsijs** (0° C = 32° F)
fahrenheit **fārenheits**

Miscellaneous

Call 118 ("Izziņas") anywhere in Latvia for general information about pretty much anything: phone numbers, addresses, bus schedules, directions, movie times, where is there a good restaurant, etc. If they do not know the answer to your question, they will tell you whom to call. Calling 7770777 is similar, but the operators provide only phone numbers and addresses.

The names of streets, squares, etc. are usually in the genitive case, for example **K. Ulmaņa gatve** (*literally:* K. Ulmanis' Way) and **Ģertrūdes iela** (*literally:* Gertrude's Street). Often the words **iela, bulvāris, gatve**, etc. are left off the addresses, for example, **Antonijas 12** (Antonija's Street 12).

If you go to someone's house to visit, bring a small gift, for example, flowers or chocolates. Flowers are cheap and available at every market. Latvians love to give flowers on almost any occasion—even when picking up a friend at the airport. If you are giving only a few stems, remember to always bring an odd number (*don't bother counting if it's really a large amount of, say, wildflowers*)—an even number signifies an ending and are only brought to funerals or given to someone in mourning.

Common Signs

Entrance
IEEJA

Exit
IZEJA

Push
GRŪST

Pull
VILKT

No entry
IEEJA AIZLIEGTA

Caution
UZMANĪBU *or just* "!"

Your life in danger
UZMANĪBU, APDRAUD DZĪVĪBU *or just* "!"

Information
IZZIŅAS, IZZIŅU BIROJS, INFORMĀCIJA, " I "

Restrooms
TUALETE

Restrooms are designated with the appropriate little
picture or a **V** (**vīrieši**) or **K** (**kungi**) for men and an **S**
(**sievietes**) or **D** (**dāmas**) for women.

No smoking
**SMĒĶĒT AIZLIEGTS, ŠEIT NESMĒĶĒ, LŪDZU
NESMĒĶĒT**

Prohibited
AIZLIEGTS

OPEN
ATVĒRTS

CLOSED
SLĒGTS

HOURS:
STUNDAS:, DARBA LAIKS:

Private property
PRIVĀTĪPAŠUMS

Beware of the dog
NIKNS SUNS

For sale
PĀRDOD

Free admission
IEEJA BRĪVA

Geography

Africa	**Āfrika**
Asia	**Āzija**
Australia	**Austrālija**
Europe	**Eiropa**
North America	**Ziemeļamerika**
South America	**Dienvidamerika**
Austria	**Austrija**
Canada	**Kanāda**
Denmark	**Dānija**
England	**Anglija**
Estonia	**Igaunija**
European Union (EU)	**Eiropas savienība (ES)**
Finland	**Somija**
France	**Francija**
Germany	**Vācija**
Ireland	**Īrija**
Italy	**Itālija**
Latvia	**Latvija**
Lithuania	**Lietuva**
Netherlands	**Nīderlande**
New Zealand	**Jaunzēlande**
Norway	**Norvēģija**
Poland	**Polija**
Russia	**Krievija**
Spain	**Spānija**
Sweden	**Zviedrija**
Switzerland	**Šveice**
United Nations	**Apvienotās nācijas**
United States	**Amerika, Amerikas Savienotās Valstis, ASV**

Regions of Latvia (Latvijas Novadi)

Vidzeme – north   **Kurzeme** – west
Zemgale – south   **Latgale** – east

Holidays (Svētki, Svināmās Dienas)

Jaungada diena New Year's Day

Meteņi the old traditional celebration around February 10 marking the beginning of spring

Lieldienas Easter, celebrated on Sunday and Monday (also the name of the spring equinox celebration on March 21)

Jāņi (also called **Līgo svētki**), a Midsummer festival that starts in the evening of June 23 and continues throughout the next day

Mārtiņi the old traditional celebration around November 10 marking the beginning of winter and the mummers' season

Valsts svētki (or **Neatkarības proklamēšanas diena** or **18. novembris**) Independence Day (November 18)

Ziemassvētki Christmas, celebrated from December 24–26 (also the name of the winter solstice celebration on December 21)

Vecgada vakars New Year's Eve

Latvians also celebrate names' days, which can be compared to Catholic saints' days. Each Latvian name is given a day of the year. For example, the names Zinta and Filips are assigned April 6. Therefore, on April 6 all Zintas and Filips celebrate their name's day, and they are expected to be prepared for visitors anytime that day.

Also Available from Hippocrene . . .

ALBANIAN-ENGLISH/ENGLISH-ALBANIAN STANDARD DICTIONARY

682 pages • 23,000 entries • 5 x 7 • ISBN 0-7818-0979-7 • $22.50pb • (475)

ENGLISH-ALBANIAN COMPREHENSIVE DICTIONARY

60,000 entries • 938 pages • 6 x 9½
hardcover: ISBN 0-7818-0510-4 • $60.00hc • (615)
paperback: ISBN 0-7818-0792-1 • $35.00pb • (305)

ALBANIAN-ENGLISH/ENGLISH-ALBANIAN DICTIONARY & PHRASEBOOK

186 pages • 2,000 entries • 3¾ x 7 • ISBN 0-7818-0793-X • $11.95pb • (498)

ALBANIAN-ENGLISH/ENGLISH-ALBANIAN PRACTICAL DICTIONARY

400 pages • 18,000 entries • 4⅜ x 7 • ISBN 0-7818-0419-1 • $14.95pb • (483)

BOSNIAN-ENGLISH/ENGLISH-BOSNIAN CONCISE DICTIONARY

332 pages • 8,500 entries • 4 x 6 • ISBN 0-7818-0276-8 • $14.95pb • (329)

BOSNIAN-ENGLISH/ENGLISH-BOSNIAN DICTIONARY & PHRASEBOOK

171 pages • 1,500 entries • 3¾ x 7 • ISBN 0-7818-0596-1 • $11.95pb • (691)

BEGINNER'S BULGARIAN

207 pages • 5½ x 8½ • ISBN 0-7818-0300-4 • $9.95pb • (76)

BULGARIAN-ENGLISH/ENGLISH-BULGARIAN PRACTICAL DICTIONARY

323 pages • 8,000 entries • 4¼ x 7 • ISBN 0-87052-145-4 • $14.95pb • (331)

BYELORUSSIAN-ENGLISH/ ENGLISH-BYELORUSSIAN CONCISE DICTIONARY

290 pages • 6,500 entries • 4¼ x 7 • ISBN 0-87052-114-4 • $9.95pb • (395)

CROATIAN-ENGLISH/ENGLISH-CROATIAN DICTIONARY & PHRASEBOOK

200 pages • 4,500 entries • 3¾ x 7½ • ISBN 0-7818-0987-8 • $11.95pb • (111)

CZECH-ENGLISH/ENGLISH-CZECH DICTIONARY & PHRASEBOOK

220 pages • 3,500 entries • 3¾ x 7½ • ISBN 0-7818-0942-8 • $11.95pb • (416)

CZECH-ENGLISH/ENGLISH-CZECH CONCISE DICTIONARY

590 pages • 14,000 entries • 4 x 6 • ISBN 0-87052-981-1 • $11.95pb • (276)

CZECH HANDY EXTRA DICTIONARY

186 pages • 2,600 entries • 5 x 7¾ • ISBN 0-7818-0138-9 • $8.95pb • (63)

CZECH PHRASEBOOK

220 pages • 5½ x 8½ • ISBN 0-87052-967-6 • $9.95pb • (599)

BEGINNER'S CZECH

200 pages • 5½ x 8½ • ISBN 0-7818-0231-8 • $9.95pb • (74)

HIPPOCRENE CHILDREN'S ILLUSTRATED CZECH DICTIONARY
Ages 5-10
English-Czech/Czech-English
94 pages • 500 words w/ full-color illustrations • 8½ x 11 •
ISBN 0-7818-0987-8 • $11.95pb • (188)

ESTONIAN-ENGLISH/ENGLISH-ESTONIAN CONCISE DICTIONARY

180 pages • 10,000 entries • 4 x 6 • ISBN 0-87052-081-4 • $11.95pb • (379)

ESTONIAN-ENGLISH/ENGLISH-ESTONIAN DICTIONARY & PHRASEBOOK

260 pages • 3,700 entries • 3¾ x 7½ • ISBN 0-7818-0931-2 • $11.95pb • (133)

GEORGIAN-ENGLISH/ENGLISH-GEORGIAN DICTIONARY & PHRASEBOOK

176 pages • 1,300 entries • 3¾ x 7 • ISBN 0-7818-0542-2 • $11.95pb • (630)

LATVIAN-ENGLISH/ENGLISH-LATVIAN PRACTICAL DICTIONARY

400 pages • 16,000 entries • 4½ x 7 • ISBN 0-7818-0059-5 • $16.95pb • (194)

LITHUANIAN-ENGLISH/ENGLISH-LITHUANIAN CONCISE DICTIONARY

382 pages • 8,000 entries • 4 x 6 • ISBN 0-7818-0151-6 • $14.95pb • (489)

LITHUANIAN-ENGLISH/ENGLISH-LITHUANIAN DICTIONARY & PHRASEBOOK

220 pages • 4,500 entries • 3¾ x 7½ • ISBN 0-7818-1009-4 • $11.95pb • (17)

BEGINNER'S LITHUANIAN

326 pages • 5½ x 8½ • ISBN 0-7818-0678-X • $19.95pb • (764)

POLISH-ENGLISH/ENGLISH POLISH PRACTICAL DICTIONARY

703 pages • 31,000 entries • 4⅜ x 7 • ISBN 0-7818-0085-4 • $14.95pb • (450)

POLISH-ENGLISH/ENGLISH-POLISH STANDARD DICTIONARY

450 pages • 32,000 entries • 5½ x 8½ • ISBN 0-7818-0282-2 • $22.50pb • (298)

HIPPOCRENE CHILDREN'S ILLUSTRATED POLISH DICTIONARY
Ages 5-10
English-Polish/Polish-English

94 pages • 500 words w/ full-color illustrations • 8½ x 11 •
ISBN 0-7818-0890-1 • $11.95pb • (342)

BEGINNER'S POLISH

200 pages • 5½ x 8½ • ISBN 0-7818-0299-7 • $9.95pb • (82)

MASTERING POLISH

288 pages • 5½ x 8½ • ISBN 0-7818-0015-3 • $14.95pb • (381)
2 cassettes • ISBN 0-7818-0016-1 • $12.95 • (389)

ROMANIAN-ENGLISH/ENGLISH-ROMANIAN STANDARD DICTIONARY

566 pages • 18,000 entries • 4¼ x 7 • ISBN 0-7818-0444-2 • $17.95pb • (99)

ROMANIAN-ENGLISH/ENGLISH-ROMANIAN DICTIONARY & PHRASEBOOK

260 pages • 5,500 entries • 3¾ x 7½ • ISBN 0-7818-0921-5 • $12.95pb • (177)

BEGINNER'S ROMANIAN

232 pages • 0-7818-0208-3 • 5½ x 8½ • ISBN 0-7818-0208-3 • $7.95pb • (79)

RUSSIAN-ENGLISH/ENGLISH-RUSSIAN DICTIONARY & PHRASEBOOK

300 pages • 4,000 entries • 3¾ x 7½ • ISBN 0-7818-1003-5 • $12.95pb • (77)

RUSSIAN-ENGLISH/ENGLISH-RUSSIAN STANDARD DICTIONARY

556 pages • 32,000 entries • 4¼ x 7 • ISBN 0-7818-0280-6 • $18.95pb • (322)

HIPPOCRENE CHILDREN'S ILLUSTRATED RUSSIAN DICTIONARY
Ages 5-10
English-Russian/Russian-English
94 pages • 500 words w/ full-color illustrations • 8½ x 11 •
ISBN 0-7818-0892-8 • $11.95pb • (216)

BEGINNER'S RUSSIAN

200 pages • 5½ x 8½ • ISBN 0-7818-0232-6 • $9.95pb • (61)

**UKRAINIAN-ENGLISH/ENGLISH-UKRAINIAN
PHRASEBOOK & DICTIONARY**

189 pages • 3,000 entries • 5½ x 8½ • ISBN 0-7818-0188-5 • 11.95pb • (28)

Prices subject to change without prior notice.

To order **Hippocrene Books**, contact your local book-store, call (718) 454-2366, or write to: Hippocrene Books, 171 Madison Avenue, New York, NY 10016. Please enclose check or money order adding $5.00 shipping (UPS) for the first book and $.50 for each additional title.